NATIONALPARK
GESÄUSE

W0381076

Toni Kerschbaumer • Herfried Marek

NATIONALPARK GESÄUSE

DREI FARBEN NATUR

VORWORT

NATIONALPARK GESÄUSE – EIN BEITRAG ZUR VIELFALT

Mit dem vorliegenden Bildband unseres Nationalparks Gesäuse wollen wir einen Einblick in den fantastischen Naturraum des jüngsten österreichischen Nationalparks geben. Der Bilder- und Themenbogen spannt sich von den faszinierenden Lebensräumen rund um das Wasser mit der wilden Enns, Bergbächen, Quellen und Feuchtwiesen, über Naturwälder, Bergmatten und Almen bis hin zu Ein- und Ansichten rund um die grandiosen Felstürme und Felsgestalten des Nationalparks.

Oberstes Naturschutzziel in Nationalparks ist das Zulassen einer natürlichen Entwicklung. Dies führt manchmal zu unerwarteten Ergebnissen, da sich „Natur" nicht oder nicht exakt vorherbestimmen lässt. Daher ist es notwendig, die Entwicklungen genau zu dokumentieren und – nur wenn unbedingt notwendig – regulierend einzugreifen. Weiters wird versucht, natürliche Ökosysteme, die etwa durch die Bewirtschaftung des Menschen stark verändert wurden, wiederherzustellen. Beispiel dafür ist im Nationalpark Gesäuse die Überführung von naturfernen Waldmonokulturen in standortgerechte Mischwälder.

Da in Nationalparks ein möglichst ungestörter Ablauf der natürlichen Entwicklung erfolgen soll, stellen sie ideale Räume für bestimmte Forschungsaufgaben wie Bestandsaufnahmen und Dauerbeobachtung oder der Dokumentation von Veränderungen der Ökosysteme dar. Die Naturschutzpraxis im Nationalpark erfordert häufig eine wissenschaftliche Argumentationshilfe – entweder für konkrete Projekte wie z.B. die Wiedereinbürgerung von Tier- und Pflanzenarten oder als Grundlage für die Managementpläne.

Zu den Zielen eines Nationalparks zählt der Schutz der ökologisch intakten Lebensräume mit ihrer reichhaltigen Tier- und Pflanzenwelt im Interesse der heutigen und kommenden Generationen. Dies bedingt klare Anforderungen, die an das Naturraum-Management eines Nationalparks gestellt werden, nämlich den Schutz der natürlichen Ökosysteme mit der Bewahrung der Artenvielfalt. Der Schutz der Arten betrifft dabei nicht nur den derzeitigen Bestand, sondern es wird in unserem Nationalpark durch verschiedenste Artenschutzprojekte auch bereits verschwundenen Arten wieder eine Heimat geboten. Die Sicherstellung natürlicher Abläufe in den Ökosystemen bildet dabei die Grundlage für den Arten- und Biotopschutz. Wir wollen mit diesem Buch daher auch einen Einblick in einige unserer Maßnahmen zur Erhaltung natürlicher Lebensräume und in verschiedenste Forschungsvorhaben im Nationalpark geben.

In den letzten 150 Jahren hat sich der weltweite Verlust an biologischer Vielfalt besorgniserregend beschleunigt. Experten schätzen, dass die Geschwindigkeit des Artensterbens durch menschliche Einflussnahme gegenüber dem natürlich bedingten Aussterbeprozess um das 1.000- bis 10.000-fache beschleunigt wurde. Die gegenwärtigen Verlustraten liegen ungefähr 1.000- bis 10.000 Mal höher als im Durchschnitt der Erdgeschichte. Die Weltnaturschutzunion IUCN listet heute ca. 12.000 Arten, die weltweit vom Aussterben bedroht sind, auf. Rund jedes vierte Säugetier, jeder achte Vogel, 42% der Reptilien, 30% der Fische und 16% der Nadelbäume sind weltweit gefährdet. Fest steht dabei weiters, dass nicht nur Arten vom Verlust betroffen sind, sondern auch ganze Ökosysteme empfindlich auf Eingriffe, wie etwa auf Verschmutzungen, reagieren. Die EU hat bereits jetzt mehr als die Hälfte jener Feuchtgebiete verloren, die einst einen großen biologischen Artenreichtum aufwiesen. Der Rückgang der biologischen Vielfalt ist demgemäß dramatisch und betrifft auch uns Menschen direkt, da menschliches Leben in hohem Maße von natürlichen Ressourcen und auch deren Nutzung abhängig ist.

Dass auch Österreich hinsichtlich des Artenverlustes keine Insel der Seligen ist, beweist allein schon die Statistik. In unserem Land sind derzeit schätzungsweise rund 45.000 Tierarten sowie rund 3.000 Farn- und Blütenpflanzen beheimatet. Von den erfassten Pflanzenarten werden rund 40 Prozent verschiedenen Gefährdungsgraden zugeordnet, von den 97 Säugetierarten finden sich rund die Hälfte und von den Amphibien sogar 100% auf der Roten Liste. 23 Vogelarten gelten in Österreich bereits als ausgestorben. Ganz ähnlich ist die Lage hinsichtlich der Roten Liste gefährdeter Biotope. Der biologische Reichtum in Österreich schwindet – ein Verlust, der auch uns Menschen trifft, da wir ja selbst ein Teil dieses Systems sind und Verantwortung für dieses „Naturerbe" tragen sollten.
Diese dramatischen Zahlen unterstreichen die enorm wichtige Bedeutung tausender Schutzgebiete weltweit. In Österreich stellen unsere sechs Nationalparks, die rund 3% der Staatsfläche einnehmen, einen außerordentlich bedeutenden Beitrag dar, den Verlust der Arten- und Lebensraumvielfalt zu verringern. Ziel sollte jedoch sein, den Artenschwund weltweit zu stoppen. Innerhalb der europäischen Union wurde 2001 das Ziel festgelegt, den Verlust der biologischen Vielfalt bis zum Jahr 2010 zu stoppen. 2002 – auf dem Weltgipfel für Nachhaltige Entwicklung in Johannesburg – haben sich Staats- und Regierungschefs ebenfalls diesem ehrgeizigen Vorhaben verpflichtet.

•

Ich bedanke mich bei allen Autoren und Herausgebern dieses Buches, insbesondere bei meinen Kollegen Mag. MSc Daniel Kreiner, Mag. Dr. Lisbeth Zechner und Dr. Harald Haseke für ihre Textbeiträge so wie bei Toni Kerschbaumer und Herfried Marek für die imponierenden Naturaufnahmen und das große Engagement.

Lassen Sie sich durch dieses Buch davon überzeugen, wie wunderschön, nuancenreich und einzigartig unser Nationalpark ist – welche Bedeutung ein umfassendes Naturraum-Management im „Gseis" für den Erhalt der Lebensräume und der Artenvielfalt hat. Wir laden Sie ein, den Nationalpark Gesäuse nicht nur in Form dieses Bildbandes zu genießen, sondern dieses atemberaubende Naturereignis auch unmittelbar zu erleben – sich „Zeit für Natur" und ihre unzähligen Farben zu nehmen.

Herzlichst Ihr

DI Werner Franek
Direktor des Nationalparks Gesäuse

DIE FARBE BLAU

VOM LAUF UND LEBEN DES WASSERS IM GESÄUSE

Das Blau, als unterster Balken im Logo des Nationalparks, weist auf die grundlegende Bedeutung des Wassers im Nationalpark hin.
Schon der Name des Gesäuses leitet sich vom „Sausen" und „Brausen" der Enns in den engen Schluchten und zwischen den gewaltigen Felsblöcken des Kataraktes am Gesäuse-Eingang ab.
Durch das Tal der Enns betritt der staunende Reisende eine neue Welt. Kommt er von Westen über Admont, empfangen ihn die „Torwächter" Haindlmauer und Himbeerstein, zwischen denen die Enns einen schmalen Durchgang geschaffen hat, den Gesäuse-Eingang.
Zuvor hat der Besucher von Westen kommend den weiten Talboden der Enns zwischen Selzthal und Admont durchfahren, der im Frühjahr von zahlreichen leuchtend blauen Irisblüten durchsetzt ist. Aus der Luft lassen sich dazwischen die geheimnisvollen dunklen Augen der Moore und Stillgewässer erkennen, die Reste einer nacheiszeitlichen Seenlandschaft und die Überbleibsel der „alten" Enns, die sich noch vor 150 Jahren quer durch das Tal schlängelte.
Am Gesäuse-Eingang ändert sich dieses Bild. Die ruhig dahinfließende Enns wandelt sich in der engen Schlucht zwischen den Felsen zu einem reißenden Wildfluss, der sich hier seinen Weg durch die Nördlichen Kalkalpen bahnt. Dieses Schauspiel lässt sich am schönsten entlang des Fritz-Proksch-Weges – ausgehend von der Lauferbauerbrücke bei Weng – erleben.
Die Enns wird auch als das Rückgrat des Nationalparks Gesäuse bezeichnet. Weil der Fluss hier seine letzte naturnahe Fließstrecke behalten hat, ist dieser Abschnitt von so herausragender Bedeutung. Er ist die „Lebensader" zahlreicher gefährdeter Lebensräume und Arten. Natürliche Fluss-Systeme zählen mittlerweile leider zu den Raritäten unserer Naturlandschaft. Hier müssen die letzten unverbauten Abschnitte der Donau einem Ausbau der Schifffahrtsrinne weichen, dort sind es Staumauern, die den bisher unberührten Fluss-Systemen in Südosteuropa ein Ende bereiten. Weltweit sind von den 292 größten Fluss-Systemen bereits 172 mit Dämmen reguliert. Insgesamt gibt es um die 45.000 Staudämme, darunter 300 Riesenstaudämme mit mehr als 150 Meter hohen Staumauern. Darum sollte der Erhalt der letzten naturnahen Fließgewässer – einschließlich der Enns im Nationalpark Gesäuse – zu einer Selbstverständlichkeit werden.

Zurück zur Quelle

Das Gesäuse ist das „Wasserschloss" der Ennstaler Alpen. Der Schlüssel zu diesem Schloss sind die Quellen. Mehr als 600 dieser „Türöffner" in eine andere Welt wurden bisher im Nationalpark nachgewiesen.
Der überwiegende Teil der Quellen im Gesäuse ist unberührt und viele zeichnen sich als besonders wertvolle Lebensräume für hoch spezialisierte Lebewesen aus. Was diese Grenzhabitate zwischen Grundwasser und Bach so wertvoll macht, sind ihre gleichförmigen Bedingungen. Die

Temperatur des Quellwassers bleibt das ganze Jahr über konstant, deshalb finden sich in den Quellfluren auch seltenste Pflanzen, wie verschiedene Quellmoose (z.B. das Starknervmoos, *Cratoneuron commutatum*), aber auch Steinbrecharten, wie Moosquell-Steinbrech (*Saxifraga aizoides*) oder Sternblütiger Steinbrech (*Saxifraga stellaris*). So klein der Quellbezirk oft ist, so einzigartig sind seine Bewohner. Der Höhlenbachflohkrebs (*Niphargus* sp.) zeigt die Verbindung zu den unterirdischen Lebensräumen an. Eine herausragende Rolle in sommerkalten Gewässern spielen die Steinfliegen und ihre Larven. Sie sorgen für eine kleine Sensation im Nationalpark Gesäuse. Wissenschaftlern gelang es, eine neue Art zu entdecken, die nur hier vorkommt und deren nächstverwandte Arten erst wieder im italienischen Piemont zu finden sind.
Dies zeigt nicht zuletzt die besondere Schutzwürdigkeit der Quellen, der wir im Nationalpark auch im Rahmen eines längerfristigen Monitorings Rechnung tragen.

Der Bach zeigt den Weg

Alle Wege führen zur Enns. Die Entwässerung der Flächen des Nationalparks führt von den Hochlagen im durchlässigen Kalk oft über verborgene Wege in Höhlensystemen durch das Gestein. Erst weiter unten tritt das Wasser über stauenden Schichten wieder hervor. Ab hier kann jeder den Weg verfolgen. Besonders eindrucksvoll sieht man dies im Hartelsgraben, wo das Wasser vom Zinödl, vom Ennseck und vom Goldeck in mehreren Wasserfällen aus dem Gestein hervorbricht. Vor allem im Frühjahr bietet sich dem Wanderer ein beeindruckendes Bild, wenn sich die Schmelzwasser von den Hochlagen ihren Weg zur Enns bahnen.
Besonders interessante Bewohner der Bäche sind die Köcherfliegen. Ihre Larven bauen sich einen namensgebenden Köcher aus Steinchen und Pflanzenteilen, in den sie sich bei Gefahr zurückziehen. Die Wasseramsel (*Cinclus cinclus*) nutzt die kalten, an Insekten nahrungsreichen Gewässer, um ihre bis zu halbminütigen Tauchgänge durchzuführen.

Der Sulzkarsee

Wie kostbar und vergänglich das Wasser im Kalk und Karst ist, zeigt sich sehr anschaulich auf der Sulzkaralm. Dort entspringt im Karschluss der Sulzkarbach, der alsbald wieder im Untergrund verschwindet. Erst unterhalb des Sulzkarsees tritt er erneut hervor.
Auch im Sulzkarsee, dem einzigen größeren See im Nationalpark, wohnt ein unsteter Geist. Sein Wasserspiegel schwankt stark. Zwar füllt er sich im Frühjahr mit Schmelzwasser der umgebenden Bergflanken, doch geht der Wasserstand im Sommer oft so schnell zurück, dass man glaubt, er könnte austrocknen. Umso schneller füllt sich der See nach längeren Regenperioden und zeigt die ihn umfassenden Berge in blau-grünem Spiegelbild.
Der Sulzkarsee geht in seiner Entstehung bis auf die Eiszeiten zurück, als er über stauenden Schichten der ihn umgebenden Moränen entstand. Heute ist er ein durch die menschliche Nutzung stark beeinträchtigtes Stillgewässer, das durch ein „Renaturierungsprogramm“ wieder zu einem sauberen und für Amphibien wertvollen Gewässer umgewandelt werden soll.

Der Johnsbach

Der größte Zubringer zur Enns im Gesäuse ist der Johnsbach. Er entspringt in den Eisenerzer Alpen oberhalb der Grössinger Alm auf 1.500 Metern Seehöhe und entwässert auf einer Länge von 13,5 km ein Einzugsgebiet von rund

65 km². In einem eingeschnittenen Kerb- und Muldental durchdringt der Bach in nordwestlicher Richtung die Grauwackenzone im hinteren Johnsbachtal und durchfließt die Nationalparkgemeinde Johnsbach, der er ihren Namen gab. Am Ortseingang bei der Silberreith wendet sich der regulierte Wildbach Richtung Norden und strebt direkt der Enns zu. Ab hier liegt er im Nationalpark und bahnt sich seinen Weg durch eine bezaubernde Dolomit-Erosionslandschaft zwischen Reichenstein- und Hochtorgruppe – die Zwischenmäuer.

Bei der Bachbrücke und dem Weidendom mündet er schließlich in die Enns und bildet einen schönen Schwemmfächer sowie eine flussab liegende Schotterbank. Der Johnsbach gilt als die „Kinderstube" der Bachforellen im Nationalpark. In seinen naturnahen Abschnitten zeichnet er sich durch breite Schotterflächen und hohe Totholzmengen aus, die als wichtige Strukturelemente im Bach von großer Bedeutung sind.

Im ökologischen Verbauungsprojekt Johnsbach wird versucht, dem derzeit stark eingeschnürten Bach wieder mehr Raum zu geben. Natürlich nur dort, wo keine Infrastruktur gefährdet ist.

Entlang des „Sagenweges" lassen sich der Bach und die ihn umgebende Dolomitlandschaft in einzigartiger Weise erleben. An der Mündung des Johnsbaches in die Enns befindet sich der Weidendom, wo Besucher das Leben im Wasser aus nächster Nähe beobachten können.

Die Enns hat das Gesäuse erschlossen

Den ersten Weg durch die Gesäuseberge hat die Enns angelegt. Ihr folgten die Menschen. Die Fahrt durch das Gesäuse war noch vor wenigen Jahrhunderten äußerst beschwerlich. Die Reiserouten von Nord nach Süd (und umgekehrt) folgten daher eher der alten Römerstraße über den Triebener Tauern und den Pyhrnpass oder über die Eisenstraße im Osten. Die Eisengewinnung in den Eisenerzer Alpen war es, die der Enns eine besondere Bedeutung als „Verkehrsweg" zukommen ließ. Für die Verhüttung von Eisenerz am Erzberg und die weitere Verarbeitung des Eisens wurden große Mengen an Holz benötigt. Diese wichtige Ressource kam schließlich aus entlegeneren Gebieten, zum Beispiel aus dem oberen Ennstal. Die Hölzer wurden über die Enns bis nach Hieflau getriftet, wo sie am Ennsrechen geländet und verkohlt wurden.

1872 wurde die Eisenbahnstrecke der k.-k.-Staatsbahnen durch das Gesäuse fertig gestellt. Dies war der Auftakt für die touristische Erschließung des Gesäuses. Nun kamen viele Kletterer aus Wien, um die atemberaubenden Nordwände der Hochtorgruppe zu erklimmen.

Heute liegen Fluss, Eisenbahn und Straße auf engstem Raum beieinander. Eine übermäßige touristische Nutzung des Flussraumes würde die letzten Rückzugsgebiete für gefährdete Tiere und Pflanzen bedrohen. Daher soll durch eine gezielte Besucherlenkung ein Nebeneinander von Natur und Tourismus ermöglicht werden.

Folgende Zeilen stellen den Ennsfluss und seine naturkundlichen Besonderheiten kurz vor:

Die Enns entspringt im Bundesland Salzburg (Radstädter Tauern am Fuß des Kraxenkogels, 1.735 m) und entwässert auf einer Länge von knapp 255 km ein Einzugsgebiet von rund 6.000 km². Zwischen Quelle und Mündung in die Donau überwindet die Enns einen Höhenunterschied von fast 1.500 m. Die Enns ist somit der längste Fluss in Österreich, der sich zur Gänze auf österreichischem Staatsgebiet befindet.

Im Bereich des Admonter Beckens verlässt der Ennsfluss die Grenze zwischen Grauwackenzone und Kalkalpen und wird im Gesäuse-Eingang durch eiszeitliche Moränen zum Durchbruch durch die Nördlichen Kalkalpen gezwungen. Das enge, von den hoch aufragenden Felswänden der Hochtorgruppe und des Buchsteins umschlossene Kerb- und Sohlenkerbtal lässt die Enns nur schwach pendeln. Die Höhendifferenz zwischen Enns und Hochtorgipfel beträgt dabei nahezu 1.800 Meter und ist eine der Ursachen für die Vielfalt der Lebensräume und Arten im Gesäuse.

Im Nationalpark Gesäuse fließt die Enns zwischen Gesäuse-Eingang und dem Wehr in Gstatterboden. Hier hat sie noch einen hohen Grad an Natürlichkeit bewahrt, die sich durch abwechslungsreiche Uferstrukturen (Prall- und Gleithänge, Schotterbänke, Totholz usw.) zeigt. Auch das Gewässerbett ist reich strukturiert. Dies steht im krassen Gegensatz zum Rest des Flussverlaufes, der durch starke Verbauung und Kraftwerksbau degradiert wurde. Die Leitarten der Fischfauna im Gesäuse sind die Bachforelle (*Salmo trutta* f. *fario*) und die Äsche (*Thymallus thymallus*). Letztere zeichnet sich durch ihre breite, hohe Rückenflosse, die „Fahne", aus. Die „Gesäuse-Enns" ist weiters ein bedeutender Lebensraum für die Koppe (*Cottus gobio*), einem Bodenfisch mit breitem, froschartigem Kopf und flügelartigen Flossen.

Gefährdete Arten und Besucherlenkung

Einen sehr bedeutenden Lebensraum bilden die vorgelagerten Schotterbänke. Auf ihnen entwickeln sich die ersten Pioniergesellschaften bis hin zum Auwald. Von ausgedehnten Ufer-Reitgrasbeständen (*Calamagrostis pseudophragmites*) über Purpurweidengebüsche (Salicetum purpureae) bis hin zur Grauerlenau (Alnetum incanae) und Silberweidenau (Salicetum albae). Zu beobachten ist diese Abfolge von Waldgesellschaften im Bereich des Au-Lehrpfades in der Lettmairau. Sie bilden nicht nur potenzielle Standorte für die stark gefährdete Deutsche Tamariske (*Myricaria germanica* – auch Rispelstrauch genannt), die durch ein Wiederansiedlungsprojekt im Gesäuse wieder heimisch wird, sondern sind auch das Habitat des seltenen Flussuferläufers (*Actitis hypoleucos*), zahlreicher Laufkäferarten (z.B. Verkannter Sandlaufkäfer, *Cicindela hybrida transversalis*) und Spinnen. Dieser höchst sensible Lebensraum wird vor allem durch touristische Nutzung – Rafting, Kajaking, wildes Campen und Feuermachen – schwer in Mitleidenschaft gezogen. Durch eine gezielte Besucherlenkung wird versucht, der Natur wieder mehr Raum und Recht zu verschaffen.

Anschauliche Informationstafeln und Folder sollen die Besucher auf diese Besonderheiten aufmerksam machen und auf die Einstiegs- und Anlandestellen hinweisen. Des Weiteren sind Besucherbereiche an der Enns und am Johnsbach gekennzeichnet.
Bitte nutzen auch Sie dieses Angebot und meiden Sie die sensiblen Uferbereiche an der Enns und ihren Zubringern. Dies ermöglicht unserer Natur eine ungestörte Entwicklung und gewährleistet, dass sich auch unsere Nachkommen an der Dynamik eines natürlichen Flusses mit seiner einzigartigen Fauna und Flora erfreuen können.

Der elegante Graureiher (*Ardea cinerea*) ernährt sich von Fischen, Amphibien oder Mäusen.

Die Grundwassertümpel und Altarme im Ennstal sind im Frühling ein wichtiger Rastplatz für viele Zugvögel.
Auf dem Großen Buchstein (2.224 m) im Hintergrund liegen noch ausgedehnte Schneefelder.

Enns-Altarme und Teiche sind Reste der alten Flusslandschaft, als die Enns vor ihrer Regulierung noch durch das Tal mäandrierte; sie sind für viele Tiere und Pflanzen besonders wichtige Lebensräume.

Das Weißsternige Blaukehlchen (*Luscinia svecica cyanecula*) tritt in der Steiermark meist als Zugvogel auf. Sein Verbreitungsschwerpunkt in Österreich liegt im Gebiet des Neusiedlersees. Das nah verwandte Rotsternige Blaukehlchen (*L. s. svecica*) brütet in ausgedehnten Latschenfeldern, z.B. in den Niederen Tauern und in Obertauern.

Bild rechts oben: Das Mauswiesel (*Mustela nivalis*) und das Hermelin (*Mustela erminea*) sind exzellente Nagetierjäger, sehen sich zum Verwechseln ähnlich, unterscheiden sich aber in ihrer Größe. Auch das Winterfell der beiden färbt sich in unseren Breiten weiß – das Hermelin lässt sich jedoch gut an seiner schwarzen Schwanzspitze erkennen.

Bild rechts: Die Wasserralle (*Rallus aquatica*) brütet im Ennstal in leicht überfluteten Schilf- und Großseggenbeständen sowie in der Verlandungszone von stehenden Gewässern.

Im Frühjahr zählt der Hartelsgraben zu den beeindruckendsten Schluchten im Nationalpark. Besonders während der Schneeschmelze, wenn die Karstquellen viele tausend Liter Wasser pro Sekunde auswerfen. Nahe der Mündung in die Enns wird der Schluchtboden zum schäumenden Wassersturz.
Bei wenig Wasser verliert sich der Bach hingegen fast im Bergsturz, der hier eine tiefe eiszeitliche Klamm über 80 Meter hoch verschüttet.

Im Winter ist es ratsam, den unteren Hartelsgraben zu meiden. Von beiden Seiten donnern Lawinen in den Schluchtgrund der „Eng“, deren meterhohe Kegel den Durchstieg bis in den Frühsommer behindern können.

Die Wasseramsel (*Cinclus cinclus*) beeindruckt durch ihre extrem angepasste Lebensweise. Sie kann als einziger Singvogel schwimmen und tauchen. Gebrütet wird in einem großen, kugelförmigen Moosnest, das unter Brücken, in Felsnischen und sogar hinter Wasserfällen platziert wird.

Die Jungen der Wasseramsel kann man meist ab April beobachten.

Die Bachstelze (*Motacilla alba*) ist in der Steiermark vom Tiefland bis in die Montanstufe der Gebirge verbreitet.

Gesäuse-Eingang und Ödsteingipfel mit der markanten Ödsteinkante, von der Lauferbauerbrücke aus gesehen. Der letzte Flussabschnitt vor dem Ennskatarakt zeigt bereits eine naturnahe Ausprägung. Wir finden hier Schotterbänke, Inseln und Uferabbrüche – alle Zeichen einer naturgemäßen Flussdynamik.
Vor und nach dem Gesäuse-Eingang fließt die Enns ruhiger und lädt ein zu Beschaulichkeit und Meditation.

Das Sausen und Brausen im Ennskatarakt, der zum Naturdenkmal erklärt wurde, hat dem Gesäuse seinen Namen gegeben. Die „Pyramide" ist ein charakteristischer Sturzblock in diesem hochalpinen Abschnitt. Bis heute ist den Fachgelehrten nicht klar, warum die Enns im Jungtertiär ihren ursprünglichen Lauf über die Buchau verlassen und sich zwischen die eisenharten Gemäuer der Kalkhochalpen gezwängt hat.

Die Bergstelze (*Motacilla cinerea*) bevorzugt schnellfließende Bach- und Flussläufe.
Ihre Nahrung besteht aus Wasserinsekten und deren Larven.

Die Nester der Bergstelze werden meist in Nischen oder Höhlen am Ufer und an Bauwerken errichtet. Im Bild ist ein fast flügger Jungvogel zu sehen.

Viele Wildbäche werfen Schuttströme in den Ennsfluss, wie hier am Bruckgraben. Nach jedem Hochwasser sehen diese dynamischen Schüttflächen anders aus, Inseln und Schotterflächen entstehen und vergehen. All diese offenen Flächen sind wertvolle Lebensräume für Spezialisten aus Tier- und Pflanzenwelt. Diese haben sich als Pioniere an die harten Bedingungen angepasst und können nur hier überleben, weil sie in dichter bewachsenen Biotopen zu konkurrenzschwach sind.

Eine der Schlüsselarten für den Naturwert von Fließgewässerabschnitten und Schotterbänken ist der Flussuferläufer (*Actitis hypoleucos*). Er legt seine Eier auf Inseln oder nah am Ufer gut versteckt in dichter Vegetation, ins Gras oder unter Weidenbüschen. Zur Nahrungssuche nutzen Alt- und Jungvögel gerne schlammige, feinkörnige Uferabschnitte.

Der Verkannte Sandlaufkäfer (*Cicindela hybrida transversalis*) zählt zu den gefährdeten Schotterbankbewohnern. Seine Larven leben im Sand.

Die spektakulärste Klamm im Nationalpark ist der Bruckgraben – ein teilweise fast höhlenartiger Bruch durch den Dachsteinkalkriegel des Brucksteins. Trotz seiner Unzugänglichkeit wurde der Bruckgraben in der Vergangenheit für die Holzgewinnung erschlossen. Die ehemalige Triftanlage mit Triftsteig ist heute jedoch verfallen.

Bei heftigen Gewitterregen im Bereich des Bruckgrabens wird die Schlucht zu einem natürlichen „Druckstollen". Da bleibt kein Stein auf dem anderen – durch die starke Geschiebefracht werden die Wände der Schlucht bis weit hinauf abgeschliffen.

Auf den dynamischen Schotterbänken der Gebirgsbäche sieht man verschiedenste Stadien des Pflanzenaufwuchses. Das hier gezeigte Motiv am unteren Johnsbach zeigt eine nahezu vegetationslose Schotterbank. Es folgt die Pioniervegetation, die zum Beispiel mit Uferreitgras (*Calamagrostis pseudophragmites*) und Tamariskengebüsch (*Myricaria germanica*) erste zarte Grüntöne auf die Kiesflächen setzt. Uferbereiche, die vielleicht ein- oder zweimal im Monat überflutet werden, erlauben schon das Ansamen und Aufkommen von jungen Weiden, wie etwa der Purpurweide (*Salix purpurea*). Schon das nächste große Hochwasser kann diese fragile Lebensgemeinschaft aber wieder zerstören.

Ein extrem selten gewordener Strauch ist die Deutsche Tamariske (*Myricaria germanica*), auch Rispelstrauch genannt. Ehemals ein weit verbreiteter Bestandteil der Uferflur entlang alpiner Wildflüsse, ist sie heute im Ennstal so gut wie ausgestorben. Auch an anderen alpinen Wildflüssen Österreichs gibt es höchstens noch kleine Restkolonien. Kein Wunder, denn die Tamariske braucht offene, immer wieder überflutete Standorte. Im Nationalpark versucht man gegenwärtig die zierliche Pflanze wieder anzusiedeln.

Die Sumpfstendelwurz (*Epipactis palustris*) wächst gerne auf feuchteren Standorten, wie in Mooren, auf Streuwiesen oder an Gewässerrändern. Man findet sie im Gesäuse jedoch auch an wechselfeuchten, lichten Stellen im Wald.

Die Honigorchis (*Herminium monorchis*) trägt ihren Namen aufgrund des honigsüßen Duftes, den ihre kleinen Blüten verströmen.
Auch sie wächst gerne in Streuwiesen und moorartigen Feuchtwiesen.

Die Braunrote Stendelwurz (*Epipactis atrorubens*) verströmt einen zarten Vanilleduft und hat intensiv purpurrot gefärbte Blütenblätter.

Quellfluren zeichnen sich durch ihre „gemäßigten" Umweltbedingungen aus: Die Wassertemperatur ist zwar niedrig, aber die Quelle läuft über das gesamte Jahr konstant und sie trocknet weder aus, noch friert sie durch. Moose wie das Starknervmoos (*Cratoneuron commutatum*) bilden oft dichte, wasserdurchtränkte Teppiche. Diese dienen vielen Lebewesen – zum Beispiel Quellschnecken, Köcherfliegen- und Steinfliegenlarven – als Lebensraum. Wegen der gleichmäßigen Lebensbedingungen unterscheiden sich die quellnahen Tiergemeinschaften oder Biozönosen sehr stark von jenen anderer Gewässer.

Den meisten Quellen entströmt Niederschlagswasser, das sich auf seinem Weg durch den Berg nur wenig mit Mineralien angereichert hat. Eine Ausnahme sind die seltenen „Tuffquellen": Hier ist das Wasser mit Kalk übersättigt. Beim Überrieseln der Quellmoose verdunstet etwas Wasser, der Kalk schlägt sich nieder und „versteinert" die lebende Pflanze allmählich. Da Moose aus dieser Sinterzone immer wieder herauswachsen, können auf diese Weise meterdicke, poröse Bänke und Vorhänge aus „Tuffstein" entstehen. Echte Tuffquellen genießen in Europa besonderen Schutz.

Der pittoreske Wasserfall beim Wolfbauern, ein landschaftliches Schmuckstück von Johnsbach, entstammt einigen größeren Karstquellen. Der Wolfbauernbach entwässert die abflusslosen Karstmulden der Koderböden unterhalb der Hesshütte.

Dort, wo der Talboden im Gesäuse breiter wird, hat die Enns wieder die Möglichkeit, hin und her zu pendeln. So können sich an den Gleithängen im Flussbett Schotterbänke ausbilden, welche die Enns erst allmählich nach den Hochwassern im Frühjahr freigibt.

Bei Niedrigwasser im Sommer und vor allem auch im Winter fallen viele Uferbereiche entlang des Flusses trocken. Bei dieser Gelegenheit kann man die unterschiedliche Besiedlung der Steine im Wasser beobachten. Bakterien bereiten als Pioniere die Oberflächen der Steine so auf, dass diese schließlich auch von Algen und Moosen überwachsen werden können.

Im ebenen und buchstäblich wildromantischen Kessel des Höllbodens vereinigen sich der Sulzkar- und der Hüpflingeralmbach. Der hier entstehende Hartelsgrabenbach mäandriert durch eine ehemalige Wildfütterung, was die üppig wuchernde Krautschicht erklärt. Der Karst zeigt sich allenthalben: Der Wasserfall im Hintergrund entstammt einer Quelle, die beiden Zubringer sind reine Quellbäche. In trockenen Zeiten versickert hier der Bach im Kalk und tritt erst weiter unten im Hartelsgraben wieder zu Tage.

Der seicht überrieselte Wasserfall der Höllbodenquelle bietet ganz andere Lebensbedingungen als die benachbarten Bäche. Das Quellwasser rinnt gleichmäßig temperiert und verlässlich, reißende Hochwasser sind hier kaum zu befürchten. Deshalb unterscheiden sich die Lebensgemeinschaften oder Biozönosen im Quellbach sehr stark von jenen im nahen Gebirgsbach.

Wenn wir im Gesäuse nach Urwaldresten suchen, dann finden wir sie am ehesten in den Schluchtgründen, vielleicht auch noch in einsamen Tälern des Hochkarstes oder in extrem steilen Wänden. Von Pilzen besiedeltes Totholz ist ein wesentliches Merkmal dieser Wälder. Im Wasser der Bäche stellt es ein wichtiges Strukturelement dar, das beispielsweise Fischen einen guten Unterstand und Schutz vor Räubern bietet.

Bild rechts: Die abgeschiedene „Hochreit" im Hartelsgraben ist vom Gischten und Brausen erfüllt. Bei guten Wasserständen stürzen starke Quellen, die in prachtvollen Schleierfällen zum Talgrund schweben, aus den Wänden des Felskessels. Dieser Quellhorizont dürfte aus Karsthöhlen und Klüften im Lugauermassiv und unter den Hochböden von Haselkar, Hüpflingeralm und Scheuchegg kommen.

Eines der Kleinode des Nationalparkes ist der Sulzkarsee. In die weiten Almfluren der Sulzkaralm eingebettet, liegt er in einer Karstwanne und hat keine erkennbaren Zu- und Abflüsse.

Die Wolfsmilch-Rindeneule (*Acronicta euphorbiae*) ist über weite Teile Europas verbreitet, kommt jedoch nur lokal vor. Die Raupe dieses Nachfalters frisst an der giftigen Wolfsmilch und anderen Pflanzen.

Der Sulzkarsee: Zu- und abflusslose Seen und Karsttümpel sind im Nationalpark recht selten anzutreffen. Sie bilden sich im Kalk nur dort, wo Reste alter Lehmböden den Untergrund von Dolinen und Mulden abdichten. Von Regen- und Schmelzwasser gespeist und weithin von anderen Gewässern isoliert, beherbergen sie oft spezielle Tiergemeinschaften, die auch endemische, d.h. nur an diesem Ort anzutreffende Elemente aufweisen können.

Das Pürgschachener Moor ist ein Rest jener nacheiszeitlichen Urlandschaft, die zur Zeit der Gründung des Stiftes Admont noch den ganzen Talboden erfüllte. Der Ennsfluss wand sich in weiten Mäanderschlingen zwischen Sümpfen und Mooren durch das Becken. In noch fernerer Vergangenheit war das Tal immer wieder von interglazialen Seen erfüllt, die sich an riesigen Bergstürzen am Gesäuse-Eingang stauten und bis zu 200 Meter tief wurden. Die lehmigen Ablagerungen am Seegrund bilden heute die wasserstauende Basis für die Moore. Solche „Seetone" findet man heute noch bis zur Niederscheibenalm hinauf!

Wie viele andere Moorpflanzen muss der Rundblättrige Sonnentau (*Drosera rotundifola*) das zu geringe Stickstoffangebot im nährstoffarmen Hochmoortorf durch eiweißreiche Kost aufbessern: Kleine Insekten bleiben an den klebrigen Tentakeln dieses „Fleischfressers" haften. Mit Ausnahme des Chitin-Skelettes werden die Opfer durch Enzyme verdaut und als Nährlösung aufgenommen.

Laub und Holz sind die wichtigsten Nährstofflieferanten in kleinen Gebirgsbächen. Eine Unzahl von Insektenlarven, zum Beispiel Stein- und Köcherfliegen, lebt davon. Am Ende der Nahrungskette stehen die Fische, deren Bestandsgröße damit indirekt vom Eintrag organischer Substanz ins Wasser abhängig ist.

Der Schluchtwald im Hartelsgraben zeigt sich im Herbst in buntem Kleid. Neben Buchen (*Fagus sylvatica*) finden wir weitere Laubgehölze, z.B. Bergahorn (*Acer pseudoplatanus*), Bergulme (*Ulmus glabra*), Esche (*Fraxinus excelsior*) und vereinzelt auch die Winterlinde (*Tilia cordata*).

Im Unterwuchs prägen luftfeuchtigkeitsliebende und großblättrige Arten das Bild. Zu ihnen gehören Farne, wie die Hirschzunge (*Phyllitis scolopendrium*), aber auch verschiedene Hochstauden, wie zum Beispiel die Mondviole (*Lunaria rediviva*).

Der blauschillernde Eisvogel (*Alcedo atthis*) ist der glitzernde Edelstein unter den heimischen Vögeln. Trotz seiner Farbenpracht ist er schwer zu entdecken und oft verrät nur ein hoher Pfiff seine Anwesenheit. Er legt seine Bruthöhle gern an lehmig-bröckeligen Böschungen in Bachnähe an – ein Lebensraum, der an den durchgehend verbauten Flachlandbächen rapide verschwunden ist. Der Eisvogel brütet aber auch in Lehmanbrüchen im Wald, wenn ein Gewässer in der Nähe ist.

Ein trügerisches Idyll: Wo sich die „Kummerbrückenstrecke“ der Enns als mächtiger Wildfluss in Kaskaden, Kehrwässern und Walzen austoben sollte, langweilen sich einige verbummelte Forellen in Restwassertümpeln. Das Wehr bei Gstatterboden zweigt 60.000 Liter Wasser pro Sekunde in den Triebwasserstollen nach Hieflau ab. Die Schluchtstrecke im Natura-2000-Gebiet lässt man, wenn der Fluss weniger als diese Wassermenge führt, verdursten. Von hier bis zur Mündung in die Donau ist die Enns kaum mehr als „Fluss“ zu bezeichnen, da sie mit einer Kraftwerkskette hart verbaut ist – die Kehrseite „sauberer Energie“.

Kolke und Mühlen im festen Fels eines Bachbettes entstehen durch rotierendes Wildwasser, das Sand und Steine mitschleppt und mit diesem Schleifmittel allmählich Löcher und Rinnen in den Kalk fräst. Solche Abschleif- und Abtragungs-

vorgänge fallen unter den Begriff „Erosion". Man kennt solche Formen auch im Gebirge als „Gletschermühlen", die auf gleiche Weise durch unterirdische Gletscherbäche entstehen.

Kleine Quellen brechen oft an völlig unvermuteten Stellen, zum Beispiel hier mitten im Waldhang, aus dem Berg. Die im Kalk versickernden Regen- und Schmelzwasser folgen unterirdischen Kluftsystemen und erweitern sie allmählich zu Höhlen. Mehr als 600 Quellen sind im Nationalpark Gesäuse bekannt.

Der Feuersalamander (*Salamandra salamandra*) fällt durch seine gelb-schwarze Färbung auf. Die Weibchen sind „ovovivipar", d.h. es werden Eier mit Larven abgelegt. Zur Ablage werden bevorzugt kleine Quelltümpel aufgesucht, in denen sie ihre farblich noch unscheinbaren Larven, kleine Salamander mit Kiemenbüscheln, absetzen. Da in Quellbächen meist keine Fische vorkommen, führen die Jungsalamander hier ein komfortables Räuberleben an der Spitze der Nahrungskette.

Kleine Gebirgsbäche sind oft auch im Winter eisfrei. Wenn das Gerinne immer wieder von Quellen gespeist wird, bleibt die Wassertemperatur das ganze Jahr über einigermaßen konstant. Auch die hohe Strömungsgeschwindigkeit verhindert das Zufrieren.

Dieser Laubwirbel im Gebirgsbach symbolisiert auch das Motto des Naturschutzes im Nationalpark:
Erhalt der natürlichen Dynamik in den Lebensräumen Wasser, Wald, Alm und Fels.

Während längerer Kälteperioden bilden sich auf der Enns (im Spiegelbild der Ödstein) mitunter größere Eisplatten, die sich „packeisartig“ bis zum Wehr an der Kummerbrücke vorschieben. Das Ablassen der Eismassen an der Wehranlage ist eine gefährliche Tätigkeit.

Die Äsche (*Thymallus thymallus*) ...

... und die Bachforelle (*Salmo trutta* f. *fario*)

zählen zu den Leitfischarten der Gesäuse-Enns. Beide benötigen kühles, sauerstoffreiches Wasser und ein strukturreiches Bachbett. Zum Ablaichen werden flache Kiesbänke aufgesucht.

Vogelperspektive im Winter: Der Ennsverlauf im oberen Gesäuse.

Im Winter haben die Schotterbänke an der Enns ihre größte Ausdehnung. Das meiste Wasser ist in dieser Zeit als Schnee gebunden, der Fluss führt extremes Niedrigwasser. Hier im Bereich Bruckgraben und Lettmairau.

DIE FARBE GRÜN

BÄUME SIND HEILIGTÜMER – LEBENSRAUM WALD

Der grüne Streifen im Logo des Nationalparks repräsentiert die Wälder, Bergmatten und Almen im Nationalpark. Rund die Hälfte der Nationalparkfläche wird von Wald eingenommen. In den Sommermonaten wirkt dieser Lebensraum aus der Ferne betrachtet gleichförmig und einheitlich dunkelgrün. Erst wenn man sich nähert, oder im Herbst, wenn sich die Laubbäume und Lärchen langsam verfärben, lässt sich ein Mosaik verschiedenster Waldgesellschaften erkennen. Je nach Standort, Hangneigung, Exposition und Untergrund haben sich durch die unterschiedlichen Ansprüche der einzelnen Baumarten vielfältige Gemeinschaften ausgebildet, so dass man dutzende Waldgesellschaften unterscheiden kann.

Auwälder und Zirbenzapfen

Beginnend im Tal bis in eine Höhe von rund 1.700 m kann der Wanderer im Nationalpark die einzelnen Waldgesellschaften durchwandern und erleben. Die wichtigsten sollen kurz vorgestellt werden. Entlang der Enns, wo sich das Tal im engen Gesäuse an wenigen Stellen weitet und der naturnahe Fluss an den Gleithängen Material anlagert, sind in wenigen Bereichen Flussauwälder ausgebildet. Ein kleiner, in voller Natürlichkeit erhaltener Auenbestand findet sich in der Lettmairau. Der neu errichtete Aulehrpfad, der beim Weidendom beginnt und in einen Holzsteg übergeht, ermöglicht es über dem üppig bewachsenen Auwaldboden bis an die Enns zu wandeln, die Fülle und Pracht des Auwaldes, aber auch den Fluss zu genießen. Der Beginn des Lehrpfades führt durch einen fichtenreichen Bestand, der die forstwirtschaftlichen Eingriffe der letzten Jahre aufzeigt. Viele Bereiche entlang des Flusses wurden mit der Fichte aufgeforstet, die hier allerdings keine passenden Bedingungen vorfindet und oft an Rotfäule erkrankt.
Weiter Richtung Enns entlanggehend erreicht man die Weidenau, auch Weiche Au genannt, die durch gute Wasser- und Nährstoffversorgung gekennzeichnet ist. Das Kronendach wird von der hell glänzenden Silberweide (*Salix alba*) beherrscht, unter die sich dunkle Grau- und Mandelweiden (*Salix eleagnos, Salix triandra*), Grauerlen (*Alnus incana*) und Schwarzpappeln (*Populus nigra*) mischen. Die üppige, oft mannshohe Bodenvegetation besteht beispielsweise aus dem gelb blühenden Großen Springkraut (*Impatiens noli-tangere*), das wegen seiner aufspringenden Frucht auch „Rühr-mich-nicht-an" genannt wird, und dem schilfähnlichen Rohrglanzgras (*Phalaris arundinacea*). Dazwischen leuchten die weißen Dolden von Kerbel (*Anthriscus sylvestris*) und Kälberkropf (*Chaerophyllum hirsutum*). Der hohe Stickstoffgehalt lässt auch die Brennessel (*Urtica dioica*) gut gedeihen. Wenig willkommen sind hier die nicht heimischen „Neophyten", beispielsweise das rosa blühende Drüsen-Springkraut (*Impatiens glandulifera*), das als Bienentracht aus dem Mittleren Osten eingeschleppt wurde, und der Japanische Staudenknöterich (*Reynoutria japonica*). Beide breiten sich in den letzten Jahren übermäßig aus und verdrängen die ursprünglichen Pflanzen.

Nach einem Übergangsbereich kommt man am Rückweg, nahe der Straße, über eine Geländestufe in die höher gelegene Hartholzau mit Bergahorn (*Acer pseudoplatanus*), Eschen (*Fraxinus excelsior*) und Bergulmen (*Ulmus glabra*). Die Harte Au wird nur mehr von extremen Hochwassern erreicht und bildet das Bindeglied zum Fichten-Tannen-Buchenwald. Die mächtigen alten Bäume machen die Lettmairau hier zu einem ganz besonders eindrucksvollen Ort. Die Krautschicht ist weniger hoch. Der weiße Teppich aus

Frühlingsknotenblumen (*Leucojum vernum*) im Vorfrühling wird von Muschelblümchen (*Isopyrum thalictroides*), Buschwindröschen (*Anemone nemorosa*) und Primeln (*Primula elatior*) abgelöst. Mit der fortschreitenden Jahreszeit machen sie anderen Pflanzen wie Farnen, Knollen-Beinwell (*Symphytum tuberosum*) und Bingelkraut (*Mercurialis perennis*) Platz.

Der Fichten-Tannen-Buchenwald ist die „Leitgesellschaft" im Gesäuse. Sie nimmt alle Flächen – mit Ausnahme von extremen Standorten wie Felswänden, Schuttflächen und Blockhalden - von den Tallagen bis rund 1.500 m Seehöhe ein. In höheren Lagen sind die klimatischen Bedingungen für die Buche (*Fagus sylvatica*) zu rau, denn sie liebt das milde ozeanische Klima. Die Buchenanteile variieren daher je nach Temperatur und Bodenverhältnissen. Locker-kalkige, „warme" Böden erweisen sich als buchenfördernd, lehmig-schwere „kalte" Böden hingegen hemmen die Buche und fördern Nadelhölzer. Zu den charakteristischen Kalk-Buchenwaldbegleitern zählen die Schneerose (*Helleborus niger*), die im Frühling noch unter der Schneedecke zu blühen beginnt, und die Mandelwolfsmilch (*Euphorbia amygdaloides*). Zu ihnen gesellen sich in tieferen Lagen die Weißsegge (*Carex alba*), die Zyklame (*Cyclamen purpurascens*) und das Leberblümchen (*Hepatica nobilis*). Weitere typische Buchenwaldpflanzen sind der Waldmeister (*Galium odoratum*), das Bingelkraut (*Mercurialis perennis*), die Einbeere (*Paris quadrifolia*) und der Seidelbast (*Daphne mezereum*). Für die kühle Buchenwaldstufe ist die Neunblättrige Zahnwurz (*Dentaria enneaphyllos*) charakteristisch.
Ältere, buchenreiche Wälder zeigen ein dicht geschlossenes Kronendach, so dass Lichtholzarten wie Lärche (*Larix decidua*), Kiefer (*Pinus sylvestris*) und Birke (*Betula pendula*) nur vereinzelt auftreten. Auch die Strauchschicht ist meist nur spärlich vorhanden. Auf Felsblöcken können sich Felsbesiedler wie Heckenkirschen (*Lonicera xylosteum*), Zwergsträucher oder kleine Farne und Moose ansiedeln. Helle, wärmebegünstigte, alt- und totholzreiche Bestände mit hohem Buchenanteil zählen zu den naturschutzfachlich bedeutsamsten Lebensräumen. Hier finden sich beispielsweise der Alpenbockkäfer (*Rosalia alpina*) und der Weißrückenspecht (*Dendrocopos leucotos*). Letzterer zimmert seine Bruthöhlen meist in abgestorbenen und abgebrochenen Buchenstämmen.

Die Nutzung der Gesäusewälder zur Holzkohlengewinnung durch die Innerberger Hauptgewerkschaft und in weiterer Folge ab 1889 durch die Steiermärkischen Landesforste hat in vielen Bereichen reine Fichtenbestände entstehen lassen. Selten wurde auch der Buchenanteil gefördert, wie zum Beispiel in Hieflau. Ursprüngliche Bestände mit einer guten Durchmischung der drei Baumarten finden sich jedoch – kleinflächig eingestreut – im gesamten Nationalparkgebiet, z.B. am Weg zur Ennstaler Hütte.

In den engen, wasserdurchflossenen Kerbtälern wird der Fichten-Tannen-Buchenwald durch Schluchtwälder mit Bergahorn, Esche und Bergulme ersetzt. Besonders eindrucksvoll zeigt sich dieser Waldtyp im Hartelsgraben, wenn im Frühling das Wasser nach der Schneeschmelze tosend hinabrauscht und die jungen hellgrünen Buchenblätter im Sonnenlicht glänzen. Auf der steilen Forststraße, die eine der ältesten in der Steiermark ist, lässt sich dieses feucht-kühle Zauberland vergleichsweise einfach erobern. Dichte Moos- und Flechtenüberzüge auf den Steinen und Baumstämmen zeugen von der hohen Luftfeuchtigkeit, die hier herrscht. Bei ausreichendem Licht ist eine üppige Strauchschicht mit Heckenkirschen (*Lonicera* sp.), Großblatt- und Glanzweide (*Salix* sp.) sowie eine dichte Krautschicht mit Mondviole (*Lunaria rediviva*), Waldgeißbart (*Aruncus dioicus*) und Hirschzungenfarn (*Phyllitis scolopendrium*) ausgebildet.

Natürliche Fichtenwälder kommen im Gebiet nur in höheren, subalpinen Lagen vor, wo die Tanne (*Abies alba*) und Buche bereits ausfallen. Geschlossene Bestände finden sich im südlichsten Teil des Nationalparks, in der Johnsbacher Grauwackenzone, auf Höhen zwischen 1.300 und 1.700 m Diese bodensauren, heidelbeerreichen Silikatfichtenwälder sind besonders für das Auerhuhn (*Tetrao urogallus*) ein bedeutender Lebensraum. Im Rahmen des Schitouren-Besucherlenkungsprojektes des Nationalparks sollen in den wichtigsten Auerhuhnlebensräumen Störungen durch Lenkung und Information der Tourengeher vermindert werden. Als Grundlage dienen flächendeckende Untersuchungen zum Vorkommen des Auerhuhns und zur Habitatqualität des Gebietes. Ebenfalls ein typischer Bewohner von totholzreichen Bergfichtenwäldern ist der Dreizehenspecht (*Picoides tridactylus*).

Nördlich der Enns kommt es zu einer Verzahnung der Fichtenwälder mit buchenreichen Beständen. Diese lichten Bestände auf gegliederten, felsdurchsetzten Standorten sind durch ihr Mosaik von Felsrasen, Latschen-, Fichten- und Buchenbeständen botanisch und zoologisch besonders interessant. Hier kommt beispielsweise der Apollofalter (*Parnassius apollo*) vor. Auch für die Gämse (*Rupicapra rupicapra*) sind sie ein bevorzugter Lebensraum. Die subalpinen Fichtenwälder sind vor allem auch als Schutzwälder von großer Bedeutung.

Einst den gesamten Alpenraum beherrschend hat der Kiefernwald nur als Relikt auf Extremstandorten, wohin ihm die „Konkurrenz" nicht folgen konnte, überdauert. Die Rot-Föhre benötigt volles Sonnenlicht, erträgt jedoch sehr gegensätzliche Standortsbedingungen: Trockenheit und Nässe, Hitze und Kälte, extrem saures bis sehr basisches Bodenmilieu. Im Gesäuse überrascht sie mit ihrem spontanen und massenhaften Anflug auf Schotterflächen. Neben den Kiefernpioniergesellschaften auf Jungschuttströmen zwischen 600 und 900 m Seehöhe finden sich Schneeheide-Kiefernwälder vor allem sonnseitig auf flachgründigen, steilen bis sehr steilen Dolomithängen in Höhen bis 1.050 m. Ausgedehnte Kiefernwälder lassen sich beispielsweise am Weißenbachl und in den Zwischenmäuern auf dem Weg nach Johnsbach nachweisen. Charakterarten sind neben der Weißkiefer die Mehlbeere (*Sorbus aria*), die Schneeheide (*Erica carnea*) und die Steinbeere (*Rubus saxatilis*). Im Mai fallen die großen weißen Blüten der Felsenbirne (*Amelanchier ovalis*) auf. So wie zahlreiche subalpine Pflanzen steigt auch die Gämse gerne in diese lichten Kiefernwälder herunter, denn sie bieten ihr gute Aussichtsmöglichkeiten und Äsung. Zu den typischen Bewohnern zählt auch der Berglaubsänger (*Phylloscopus bonelli*), der lückige, wärmebegünstigte Wälder bevorzugt.

Lärchen-Zirbenwälder nehmen den Bereich der Kampfwaldzone ein, in dem sich andere Baumarten nicht mehr behaupten können. Die mächtigen, knorrigen Baumgestalten trotzen der rauen Witterung und beeindrucken den Wanderer auf dem Weg zur Hesshütte, vom Wasserfallweg kommend. Nach oben hin werden sie von Latschengebüsch (*Pinus mugo*) oder Zwergstrauchheiden abgelöst.
Das Zirbenvorkommen der Gesäuseberge bildet die Nordostgrenze des alpinen Verbreitungsareals dieser Baumart in Höhen zwischen 1.450 und 1.850 m.

Die Lärchen-Zirbenwälder finden sich in Plateau-Lagen auf gebanktem, karrenförmig verwittertem Dachsteinkalk und auf abgetreppten Steilhängen. Kleinräumige Reliefunterschiede ermöglichen einen Wechsel in der Bodenvegetation mit Latsche, Behaarter Alpenrose (*Rhododendron hirsutum*) und Heidelbeere (*Vaccinium myrtillus*). Auf trockenen Stellen finden sich Felsbesiedler und Bergrasenarten, in feuchten Bereichen treten hingegen die Grünerle (*Alnus viridis*) und Hochstauden auf. Die unberührten Naturbestände dieser höchstgelegenen Waldgesellschaft verleihen dem Nationalpark Gesäuse eine besondere Facette. Als Lebensraum für den Tannenhäher (*Nucifraga caryocatactes*) und das Birkhuhn (*Tetrao tetrix*) weisen diese Waldbestände einen besonders hohen naturschutzfachlichen Wert auf und finden daher ebenfalls in der Schitouren-Besucherlenkung spezielle Berücksichtigung.

Strukturreichtum und Leben im toten Holz

Die Bäume dominieren und bestimmen das Erscheinungsbild

des Waldes. Aber der Wald ist ein komplexeres Gebilde. Der Boden wird ständig von unzähligen kleinen und größeren Lebewesen umgebaut. Zum Mikrokosmos zählen auch Algen, Flechten, Pilze und Moose. Farne und Kräuter, Sträucher und Bäume bilden die darüber liegenden Etagen. Verschiedenste Tiere, von den Bodenmilben und Insekten über Spechte bis zum Rothirsch, nutzen diese unterschiedlichen Nischen als Nahrungsquelle und Lebensraum.

Strukturreichtum ist eine wichtige Voraussetzung für eine artenreiche Gemeinschaft. Die forstwirtschaftliche Nutzung mit Kahlschlag- und Altersklassenwirtschaft sowie Monokulturen mit geringem Alt- und Totholzanteil hat in den letzten Jahrzehnten das Lebensraumangebot in den mitteleuropäischen Wäldern sehr verschlechtert. Bis vor wenigen Jahren wurden oft aus wirtschaftlicher Notwendigkeit jedes Stück Holz und die Laubstreu genutzt. Wir sind an den gepflegten Forst mit einheitlichem Altersaufbau und in Reihen stehenden Fichtenstämmen gewöhnt. Für viele Besucher wirkt ein totholzreicher Wald daher unaufgeräumt und schlampig. Aber heute wissen wir, dass viele Tier- und Pflanzenarten gerade absterbendes und totes Holz als Lebensraum nutzen. Daher spielt es eine wichtige Rolle, wenn es darum geht, die Vielfalt im Wald zu erhöhen und seltenen Tier- und Pflanzenarten das Überleben zu ermöglichen. Zahlreiche Pilzarten benötigen totholzreiche Wälder. Rund 1.350 verschiedene Käferarten sind in Mitteleuropa auf Alt- und Totholz angewiesen.

Die Lebensräume innerhalb des Totholzes werden vielfältig besetzt. Abhängig vom Vermoderungszustand finden sich unterschiedliche Tierarten ein. Es lohnt sich, näher hinzusehen, denn es gibt viel Lebendiges im und am toten Holz zu entdecken! Gerade die Zerfallsphase der Baumbestände bietet auch Spechten, Eulen und Adlern günstige Bedingungen. Exponiert stehende tote Bäume haben einen besonders hohen Wert für Tiere und werden zum Horstbau, zum Trommeln, als Sing- und Jagdwarte sowie zur Nahrungssuche genutzt. Holzbewohnende Insekten und Spechte bevorzugen starke, absterbende Stämme.
Im Rahmen der Forschungstätigkeit des Nationalparks werden die Spechtfauna sowie das Vorkommen des Alpenbockkäfers (*Rosalia alpina*) und anderer Bockkäferarten in totholzreichen Wäldern untersucht.

Forstwirtschaft und Naturschutz

Im Nationalpark Gesäuse soll der natürliche Prozess der Waldentwicklung wieder ermöglicht werden. Die Umwandlung von Fichtenforsten hin zu standortgerechten Waldgesellschaften, durch Entnahme der Fichte und Förderung der natürlichen Verjüngung, wurde bereits auf Auwaldstandorten begonnen und wird im Hangbereich fortgesetzt. Um die natürliche Entwicklung zu beschleunigen, werden bis zum Jahr 2013 auch in der Naturzone Bestandesumwandlungen durchgeführt. Langfristiges Ziel ist es jedoch, die natürlichen Entwicklungsprozesse ohne menschlichen Eingriff ablaufen zu lassen und der Natur wieder ihren Platz zu geben.

Diese Bestandesüberführungen werden von Langzeitbeobachtungen und Forschungsprojekten begleitet. Als Grundlage dient eine Naturraum-Inventur, die Wald- und Bodendaten erfasst und alle 10 Jahre wiederholt werden soll. Die Waldumwandlung und ihre Erforschung ist eine langfristige Investition, deren Ergebnisse erst künftige Generationen sehen und hoffentlich schätzen werden. Wie sich die Wälder im Nationalpark entwickeln, welche Phasen von verschiedenen Waldtypen sich abwechseln, wie lange diese Phasen dauern, welche Bestandes- und Totholzstrukturen auftreten und welche Baumarten den Konkurrenzkampf dabei gewinnen oder welche Tiere davon profitieren, zählen zu den spannendsten Fragen unserer Forschungsprojekte.

„Weißt Du, was ein Wald ist?
Ist ein Wald etwa nur 10.000 Klafter Holz?
Oder ist er eine grüne Menschenfreude?"

(Bertolt Brecht)

Eichhörnchen (*Sciurus vulgaris*) sind akrobatische Kletterer. Um das Gleichgewicht zu halten, wird der Schwanz als eine Art Balancierstange genutzt. Sie verzehren Nüsse, Obst, frische Triebe, aber auch Jungvögel, Vogeleier und Kleintiere.

Totholzreiche Buchenwälder bieten optimalen Lebensraum für einige seltene Vogelarten wie Weißrückenspecht (*Dendrocopos leucotos*), Trauerschnäpper (*Ficedula hypoleuca*) und Zwergschnäpper (*Ficedula parva*).

Der Hartelsgrabenbach durchfließt in steilen Kaskaden einen naturbelassenen Schluchtwald. Er wird zur Gänze aus Karstquellen gespeist, deren Einzugsgebiet in den Kalkstöcken von Lugauer und Zinödl liegt.

Der Nagelfleck (*Aglia tau*) ist in den Wäldern Europas weit verbreitet. Der Falter zählt zu den Nachtpfauenaugen, ist jedoch tagsüber aktiv und fliegt in heftigem Zickzack in lichten, sonnigen Buchenwäldern bis über 1.000 Meter Seehöhe. Auffällig sind die gefiederten Kolbenfühler. Sie sind beim Männchen doppelt gereiht und ein Erkennungszeichen der Nachtfalter. Die Nagelfleck-Falter schwärmen im Frühling, wenn sich die Buchenknospen öffnen. Ihre Raupen entwickeln sich bevorzugt an Rotbuchen, aber auch auf anderen Laubbäumen wie Eiche, Birke und Linde.

Der Frauenschuh (*Cypripedium calceolus*) prunkt mit der größten heimischen Orchideenblüte. Er wächst gern auf verfestigten Schutthalden und im Seggen-Buchenwald. Die gelbe, schuhartige Lippe bildet eine „Kesselfalle", die Insekten einfängt, um sie nur über eine bestimmte Stelle wieder freizulassen. Dort streifen die unfreiwilligen Helfer Pollen ab oder nehmen ihn auf und dienen so der Bestäubung der Blüte. Vor wenigen Jahrzehnten bei uns noch weit verbreitet, ist der Frauenschuh mittlerweile in Europa höchst gefährdet und genießt EU-weit den höchsten Schutzstatus.

Der Frauenschuh kommt oft in Gruppen von mehreren hundert Exemplaren vor. Diese Horste entstehen durch die Ausbreitung der Pflanze über das unterirdische Rhizom. Die Orchidee erreicht ein Alter von 30 und in seltenen Fällen sogar bis zu 100 Jahren. Gefährdet ist ihr Vorkommen durch Abreißen, Ausgraben oder, ganz simpel, durch das Zuwachsen der Standorte.

In der Lettmairau stockt der einzige größere Silberweiden-Aubestand im Nationalpark. Schmelzwasser im Frühjahr und Hochwasser im Sommer bedingen ein Ansteigen des Wasserspiegels in der Enns, wodurch die Au immer wieder überflutet wird. So gelangen permanent frische Nährstoffe in den Boden, der von Samen eingeschleppter, nicht heimischer Pflanzen („Neophyten") bereits in vielen Bereichen des Ennstales überwuchert wird.

Neben dem Drüsen-Springkraut ist die Goldrute (*Solidago gigantea* und *S. canadensis*) eine nicht einheimische, aber weit verbreitete Art in der Lettmairau. Diese „invasiven" Neophyten verdrängen immer mehr die heimische Flora.

Das Drüsen-Springkraut (*Impatiens glandulifera*), ein rosa blühender Neophyt, dominiert mittlerweile Uferbereiche und Auwaldstandorte im Ennstal – so auch die Lettmairau.

Die Schneeheide
(*Erica carnea*) oder
Frühlingsheide ist ein
immergrüner Strauch,
dessen purpurne
Glöckchen die steinigen Hänge der
Föhrenwälder zeitig
nach dem Winter
in einen blühenden
Teppich verwandeln.

Das Leberblümchen (*Hepatica nobilis*) gehört ebenfalls zu den Frühblühern. Die Blütenfarbe ist meist violett, seltener rosa oder auch ganz weiß. Im Bild erkennt man auch den klassischen Aufbau der Blüte eines Hahnenfußgewächses (*Ranunculaceae*) mit den zahlreichen männlichen Staubblättern und den weiblichen Narben darunter.

Der Auerhahn (*Tetrao urogallus*), nach der Eiszeit aus den Tundren des Nordens zu uns eingewandert, lebt zwischen 900 und 1.300 Meter Seehöhe in lichten, übersichtlichen, zwergstrauch- und krautreichen Wäldern. Alte, strukturreiche Gebirgsnadelwälder zählen dabei zu den Favoriten. Zu den Hauptursachen für Bestandesrückgänge dieses großen Huhns zählen Habitatverluste und Störungen durch zunehmenden Tourismus.

Die Bartflechte (*Usnea* sp.) findet man besonders häufig auf den Ästen der Bäume in niederschlags- und nebelreichen Wäldern. Sie zeugt von einer hervorragenden Luftqualität, da sie gegenüber Luftverschmutzung besonders empfindlich ist.

Als unscheinbarer, gut getarnter Stammkletterer wird der Waldbaumläufer (*Certhia familiaris*) oft übersehen. Er besiedelt ausgedehnte Waldgebiete und Fichtenbestände oder mit Nadelhölzern durchsetzte Mischwälder.

Das Fuchs-Knabenkraut (*Dactylorhiza fuchsii*) zeigt eine Fülle verschiedener Blütenfarben, von purpur, hell-lila und rosa bis weiß. Der wissenschaftliche Name bedeutet „Finger" und „Wurzel" und deutet auf die fingerförmig verzweigte Wurzelknolle hin.

Charakteristisch für das Fuchs-Knabenkraut ist die dreilappige Lippe mit vorgezogenem großen Mittellappen und deutlichem Schleifenmuster.

Das Rote Waldvögelein (*Cephalanthera rubra*) kommt vorwiegend über Kalk vor und besiedelt hier trockene, warme Standorte an Waldrändern, in lichten Wäldern und Gebüschen.

Stehendes und liegendes Totholz – hier auf der Sulzkaralm – ist ein wesentlicher Bestandteil von naturnahen Wäldern. Es ist nicht nur ein wichtiger Lebensraum, sondern bildet auch die Nahrungsgrundlage für verschiedenste Organismen – von Bakterien über Pilze bis hin zu unzähligen Insekten und Wirbeltieren. Oft dient es auch der nachkommenden Waldgeneration als Keimbett. Ein abgestorbener Altbaum kann noch über 40 Jahre lang bestehen! Die Spechte und ein Drittel aller heimischen Fledermäuse sind auf derartige „Höhlenbäume" existenziell angewiesen. Deshalb bleiben abgestorbene „Käferbäume" im Nationalpark unbehelligt.

Neben den Käfern stellen die Pilze in totholzreichen Wäldern die artenreichste Gruppe. Sie sorgen nicht nur für den Abbau des Holzes, sondern sind auch lebenswichtige, symbiotische Partner der lebenden Bäume.

Spechte im Nationalpark Gesäuse

Mit über 200 bekannten Arten kommen Spechte weltweit auf allen Kontinenten mit Ausnahme der Polargebiete, Australiens, Neuguineas und Madagaskars vor und besiedeln Wälder und halboffene Gebiete.

In Europa gibt es zehn Arten, die in Wäldern unterschiedlicher Höhenlage, vom Auwald bis zur Baumgrenze, aber auch in Parks und Gärten zu finden sind. Neben einem ausreichenden Nahrungsangebot – hauptsächlich werden im Holz lebende Insekten erbeutet – sind vor allem geeignete Bäume zum Höhlenbau Voraussetzung für das Vorkommen von Spechten.

Das Trommeln ist eine Eigenheit der Spechte und in der Bedeutung dem Gesang der Singvögel ähnlich. Getrommelt wird auf klingenden Baumteilen, manchmal auch auf dem Blech von Telegraphenmasten oder Ähnlichem. Je nach Art wird eine ein bis zwei Sekunden lange, weit hörbare Trommelreihe mit dem Schnabel gehämmert und in einem bestimmten Abstand wiederholt. Durch Rufe oder Trommeln werden die Brut- bzw. Nahrungsreviere abgegrenzt und auch gegenüber eindringenden Artgenossen verteidigt.

Spechte sind hoch spezialisierte Klettervögel. Schnabel, Stützschwanz, Kletterfuß, Zunge und die ruckartige Motorik sind optimale Anpassungen an das „Leben am Stamm" und die Bearbeitung von hartem Holz. Die Rinde oder das Holz werden aufgehackt, um an die Nahrung zu kommen. Ein gutes Gehör hilft beim Auffinden der im Holz verborgenen Insekten. Der starke Schnabel ist für das Hämmern und die Bohraktivitäten notwendig und typisch. Interessant ist der eigentümliche Bau der weit vorstreckbaren Zunge. Ihre Spitze ist verhornt und mit Widerhaken sowie zahlreichen Tastsinnesorganen besetzt. Mit ihrer Hilfe werden auch tief im Holz lebende Insekten und deren Larven ertastet und aus ihren Verstecken geholt. Bei der Nahrungssuche werden tote Stämme hoher Durchmesserklassen bevorzugt, da diese größere Zahlen von holzbewohnenden Insekten beherbergen.

Die Höhlen werden zum Teil jährlich neu und oft auch in lebenden Bäumen gebaut. Diese Hackarbeit stellt eine außergewöhnliche Leistung dar, wenn man bedenkt, wie mühevoll die Bearbeitung von Holz ist. Spechte sind Aufschließer von Totholz, Höhlenlieferanten für zahlreiche andere Tiere und daher ein besonders wichtiger Teil des Ökosystems Wald. Sie eignen sich als Bioindikatoren und Leitarten für verschiedene Waldgesellschaften, denn Gebiete mit dem Vorkommen mehrerer Spechtarten gehören meist zu den schützenswerten Landschaften. Der Erhalt von Spechtpopulationen führt gleichzeitig zum Schutz des Artenreichtums der betreffenden Wälder. Gerade die Zerfallsphase von Bäumen bietet großen Spechten, aber auch Eulen und Horstbauern günstige Bedingungen. Abgesehen vom besseren Beuteangebot für insektenfressende Vögel tragen Alt- und Totbäume allein durch ihre Höhe zur Strukturierung und Schichtung eines Waldbestandes bei.

•

Im Nationalpark Gesäuse wurde im Jahr 2004 mit der Untersuchung von zehn Waldflächen begonnen, die forstwirtschaftlich nicht oder kaum genutzt wurden, einen hohen Tot- und Altholzanteil sowie unterschiedliche Waldgesellschaften aufweisen: Von fast reinen Buchenwäldern, Buchen-Tannen-Fichten-Wäldern, Fichtenbeständen bis hin zu lückigen Zirben-Lärchen-Wäldern. Neben der Erfassung der Spechtarten werden Strukturerhebungen und Kartierungen weiterer Tiergruppen durchgeführt. Beispielsweise findet auch die Erhebung des imposanten, blau-schwarz gefärbten Alpenbockkäfers in den buchenreichen Wäldern statt.

Spechte übernehmen eine überaus wichtige Funktion in unseren Wäldern: Sie sind Holzaufschließer und Höhlenbauer – ihre Baumhöhlen werden auch von zahlreichen anderen Vogelarten genützt. Die populärste Spechtart im Nationalpark ist der Buntspecht (*Dendrocopus major*).

Im Juni kann man die Rufe der bettelnden Jungvögel des Buntspechtes schon von weitem hören.

Während der Kopf des Buntspecht-Weibchens schwarzweiß gezeichnet ist, zeigt das Männchen einen roten Fleck auf dem Hinterkopf. Doch nicht jeder schwarzweiße Specht, den man im Gesäuse sieht, ist ein Buntspecht – auch Dreizehen-, Klein- und Weißrückenspechte haben einen schwarzweißen Rücken.

Neben den Pilzen sind es vor allem auch zahlreiche Flechtenarten, die absterbende und abgestorbene Bäume als Substrat nutzen. Im Nationalpark laufen auf zehn ausgewählten Untersuchungsflächen Erhebungen zur Artenvielfalt dieser faszinierenden Lebensform – einer Symbiose aus Pilz und Algen. Bei dieser Lebensgemeinschaft bildet der Pilz Gerüst und Hülle für die darin lebenden Algen. Die Alge wiederum beliefert den Pilz mit zuckerhaltigen Substanzen. Etwa 25 % aller Pilzarten leben in dieser Form und haben dadurch extreme Lebensbereiche besiedeln können. Viele Flechten sind die ersten, wenn nicht oft einzigen Lebewesen in alpinen und arktischen Gebieten oder auch in Wüsten.

Grünspechte (*Picus viridis*) – im Bild ein Männchen –, aber auch Grauspechte (*Picus canus*) suchen ihre Nahrung oft auf dem Boden und ernähren sich von Ameisen oder deren Puppen. Grundsätzlich ist es für Spechte auf Nahrungssuche jedoch wichtig, ausreichend abgestorbene Bäume oder Baumteile (Tothölzer) vorzufinden.

Der Schwarzspecht (*Dryocopus martius*) ist der größte heimische Specht. Er verrät sich durch seinen lauten, langgezogenen „klie-ööh"-Ruf oder den wohltönenden, charakteristischen Flugruf „prrüh, prrüh-prrüh-prrüh" …

Löcher und Fraßspuren sind wichtige Zeichen für die Anwesenheit von Spechten. Ameisen und holzbohrende Insekten aller Stadien bilden die Hauptnahrung des Schwarzspechtes. Er erbeutet sie am Boden,

an Baumstümpfen oder im unteren Stammabschnitt von Bäumen, am liegenden und stehenden Totholz. An diesen Bäumen hat wohl der Schwarzspecht gewerkt.

Der rindenfärbige Wendehals (*Jynx torquilla*) hat eine Sonderstellung unter den zehn Spechtarten Europas, denn er zeigt kaum Spechtmerkmale. Als Zugvogel überwintert er in West- und Zentralafrika. Er trommelt auch nicht und baut selbst keine Höhlen.

Der Wendehals kommt im März oder April aus seinem Winterquartier zurück und brütet im Hügelland der Steiermark und in den größeren Talräumen der Obersteiermark. Im Gesäuse tritt er nur selten und wenn, dann meist als Durchzügler auf. Seinen Namen hat er durch das Hin- und Herdrehen des Kopfes als Droh- und Abschreckgeste, er zeigt dieses Verhalten aber auch während der Balz.

Die Vogel-Nestwurz (*Neottia nidus-avis*) ist ein Vollparasit. Sie ist zeitlebens von einem Pilz abhängig und kann im Wald daher auch sehr schattige Standorte besiedeln.

Die Korallenwurz (*Corallorhiza trifida*) hat kleine Schuppenblätter, die nur wenig Zucker produzieren können. Sie ist zu einer halbparasitischen Lebensweise übergegangen.

Das Große Zweiblatt (*Listera ovata*).

Die beiden heimischen Zweiblatt-Arten zeichnen sich, wie der Name schon sagt, durch die beiden fast gegenständigen Blätter aus. Beim Kleinen Zweiblatt sind sie herzförmig, beim Großen Zweiblatt eher elliptisch.

Das Kleine Zweiblatt (*Listera cordata*).

Neben dem Weißbrust-Igel (*Erinaceus concolor*) findet man im Ennstal gelegentlich auch den Braunbrust-Igel (*E. europaeus*), dessen

Verbreitungsgebiet in Österreich von Vorarlberg über Tirol, Salzburg, Oberösterreich bis ins niederösterreichische Waldviertel reicht.

Lärchen und Zirben zeichnet besonders ihre Angepasstheit an extreme Standorte aus. So bilden sie in den trockenen Innenalpen – teilweise auch in den Randalpen – die letzten Bestände an der Waldgrenze. Am Stamm erkennt man Fraßspuren des Dreizehenspechtes (*Picoides tridactylus*), er ringelt die Bäume, um an den Saft zu kommen.

Die Lärchen-Zirbenwälder im Gesäuse sind die letzten Ausläufer im Alpenvorkommen der Zirbe (*Pinus cembra*) Richtung Osten. Die nächsten Vorkommen findet man erst wieder in den Karpaten und in ausgedehnten Beständen einer sibirischen Variation in der Taiga. Besonders wichtig ist der Schutz dieser letzten Vorposten in den Alpen. Daher ist die Entnahme von Zirbenzapfen im Nationalpark unbedingt zu unterlassen.

Findet man außerhalb der Kronenbereiche und oberhalb der Waldgrenze noch einzelne Zirben, so sind diese auf jeden Fall vom Tannenhäher (*Nucifraga caryocatactes*) verbreitet worden. Der Häher öffnet mit seinem starken Schnabel die Zapfen und sammelt die Nüsse in seinem Kropf. Er fliegt zu seinem Vorratsversteck und legt sie dort ab. Einige der Nüsse findet er nicht wieder und so keimen schließlich kleine Gruppen von jungen Zirben.

Bild rechts: Zirben können auch auf Schutt und Fels keimen und werden in Extremfällen über tausend Jahre alt.

Der imposante blauschwarze Alpenbockkäfer (*Rosalia alpina*) benötigt für seine mehrjährige Entwicklung altes Buchenholz. Buchenholzstöße können ihm daher zum Verhängnis werden, wenn das Holz frühzeitig abtransportiert oder verheizt wird.

Der Stammfuß vieler Bäume ist oft überzogen mit einem Mantel aus Flechten und Moosen, da sich hier das herunterrieselnde Wasser sammelt und die ausgebreiteten Wurzelansätze eine Besiedelung erleichtern – hier am Beispiel einer Buche im feuchten Fichtenwald.

Der Herren- oder auch Steinpilz (*Boletus edulis*) zählt zu den Röhrlingen. Er ist ein Mykorrhizabildner der Fichte, d.h. es besteht eine Symbiose zwischen Pilzgeflecht und Feinwurzeln der Bäume. Er kommt bis in höhere Gebirgslagen vor.

Der Dunkelviolette Dickfuß oder Violette Schleierling (*Cortinarius violaceus*) ist ein eher seltener und verstreut vorkommender Vertreter der Blätterpilze. Sein kräftiges Violett ist unverkennbar, typisch ist auch der Geruch nach Zedernholz.

In etwa 1.500 Meter Seehöhe geht der Wald allmählich in den Buschwald über. Meist ist die Hauptbaumart die Legföhre oder Latsche (*Pinus mugo*). Entlang von Schutt- und Lawinengassen steigt die Latsche auch bis in den Talboden hinunter. Die Niederwüchsigkeit der Latsche täuscht: In günstigen Lagen kann der am Boden dahinkriechende Stamm ohne weiteres 20 Meter Länge und mehr erreichen.

Diese bunten Fackeln im Grün der Latschen sind die Eberesche (*Sorbus aucuparia*), der Bergahorn (*Acer pseudoplatanus*), die Birke (*Betula pendula*), die Lärche (*Larix decidua*) sowie vereinzelt die Mehlbeere (*Sorbus aria*) und die Buche (*Fagus sylvatica*).

Im Ennstal, am Rande des Nationalparks, brütet die Waldohreule (*Asio otus*). In Juni- und Juli-Nächten machen die hohen, lauten Bettelrufe der Jungen auf die Anwesenheit dieses heimlichen Vogels aufmerksam.

Die ängstlichen Blicke sind mehr als berechtigt: Inmitten der unheimlichen Nachtjäger bleibt die Lieblingsbeute besser in Deckung. Über die Kleinsäugerfauna des Nationalparks ist noch wenig bekannt. Erste Untersuchungen sind im Gange.

Der kleine Raufußkauz (*Aegolius funereus*) mit seinem großäugigen, „erstaunten" Gesichtsausdruck ist einer der typischen Bergwald-Käuze. Seine Balzrufe kann man vor allem in Frühlingsnächten, aber auch im Herbst vernehmen.

Der Sperlingskauz (*Glaucidium passerinum*), der kleinste Kauz in unseren Breiten, bevorzugt auch strukturreiche Gebirgswälder mit hohem Nadelholzanteil. Gejagt werden Kleinvögel und Kleinsäuger.

Der Abbau des Blattgrüns (Chlorophyll) lässt gelbe und rote Farbpigmente entstehen, die im Herbst zur Verfärbung der Blätter führen. Fallen diese schließlich zu Boden, werden sie braun und vermodern – Ende des bunten Reigens.

Herbstliche Impression aus dem flammenden Buchenwald.

Die Hirschbrunft im Frühherbst zählt zu den beeindruckendsten Naturerlebnissen im Nationalpark. In Begleitung eines ansässigen Berufsjägers der Landesforste lassen sich die prächtigen Rothirsche besonders gut beobachten.

Kalk und Dolomit schaffen karge Bodenverhältnisse. Die gelb hervorleuchtende Lärche (*Larix decidua*) und die Rot-Föhre (*Pinus sylvestris*) halten sich am besten in den Extremstandorten. Doch da und dort treten sandig oder lehmig verwitternde Schichten aus Trias und Jura an die Oberfläche, die das Steilgelände mit Bändern und Felsköpfen gliedern und über denen sich auch bessere Böden bilden können. Hier findet man auch Fichte (*Picea abies*) und Tanne (*Abies alba*).

Winterliche Abstraktion: Die graphische Verfremdung des vormals realistischen Fichtenwaldes.

Das Trommeln der Spechte signalisiert auch Abgrenzung: Dieser Buntspecht (*Dendrocopus major*) wird seine Brut- bzw. Nahrungsreviere beherzt gegen eindringende Artgenossen verteidigen.

Der Feldhase (*Lepus europaeus*) ist im Nationalpark in bis zu 1.500 m Seehöhe anzutreffen. An und über der Baumgrenze wird er vom Schneehasen (*Lepus timidus*) ersetzt.

Häufiger als die scheuen Tiere selbst kann man ihre „Hopser“ auf unberührten Schneefeldern sehen. Im Beisein eines naturkundigen „Spurenlesers“ wird eine winterliche Exkursion im Nationalpark jedenfalls zu einer spannenden und lehrreichen Naturerfahrung.

Eine große Attraktion im Nationalpark Gesäuse ist die Balz des Auerhahns (*Tetrao urogallus*). Die Besucher können sie gemeinsam mit den Berufsjägern der Steiermärkischen Landesforste erleben. Hochinteressant kann die Begegnung mit „narrischen Hahnen" werden, wenn der balzende Gockel völlig die Scheu vor dem Menschen verliert – so mancher tollkühne Fotograf musste die Flucht vor dem Schnabel des imposanten, ungestüm herantobenden Hühnervogels ergreifen. Diese Irritation tritt nur in zu kleinen Beständen auf: Der Hahn greift mangels würdiger Gegner alles an, was sich bewegt.

Der Schnee eignet sich hervorragend, um Spuren zu finden und Nachweise für schwer zu beobachtende Arten zu erbringen. In den meisten Nationalparks werden eigene Fährtenkartierungen durchgeführt, um das Arteninventar besser kennen zu lernen. Viele Nachweise des Luchses gelingen beispielsweise auf diese Art. Hier sieht man die Spur eines balzenden Auerhahnes.

Die Almen im Nationalpark Gesäuse – Zentren der Artenvielfalt

Im Gegensatz zu den naturschutzfachlichen Zielen im Urwald stehen auf den Almen der wirtschaftende Mensch und sein weidendes Vieh im Mittelpunkt des Interesses. Um den Erhalt des Artenreichtums zu garantieren ist es unbedingt notwendig, die Bewirtschaftung weiterzuführen. Geschieht dies nicht, so würden alle Almen früher oder später wieder Wald werden und damit die artenreichen Almwiesen verschwinden.

Eingebettet in den grünen Waldgürtel liegen als kleine „Rodungsinseln" die Almen des Nationalparks. Diese Flächen wurden in der Vergangenheit großteils dem Wald abgerungen, wohingegen heute das weidende Vieh das Freihalten der Flächen garantiert. Der Nationalpark unterstützt die Bauern für ihre Leistung zum Erhalt dieser Kulturlandschaft und der traditionellen Bewirtschaftung im Gesäuse. Durch die intensive Untersuchung der natürlichen Gegebenheiten (Wasser, Boden, Vegetation, Insekten- und Vogelfauna) auf der Alm wird eine Grundlage für die aus naturschutzfachlicher Sicht notwendigen Verbesserungsmaßnahmen geschaffen. Neben der Wirtschaftlichkeit stehen dabei vor allem der Erhalt der Artenvielfalt und die Schonung von natürlichen Ressourcen im Mittelpunkt – zum beiderseitigen Vorteil. Die Bewirtschafter profitieren von einem ausgewogenen Futterangebot für ihr Vieh und von reinem Wasser aus geschützten Quellbereichen. Die Natur bedankt sich hingegen mit einem vielfältigen Summen, Brummen, Scharren, Singen und Zirpen auf den artenreichen Almweiden im Nationalpark.

Die Sulzkaralm

Die Sulzkaralm ist mit 177 ha die größte Alm im Nationalpark. Durch das vielfältige Angebot an verschiedenen Lebensräumen zählt sie wohl auch zu den artenreichsten Almen. Umgeben von einem Bogen aus Fels und Stein, bestehend aus Lärchkogel, Jahrling-, See- und Gsuechmauer sowie Rotofen und Zinödl, breitet sie sich in einem eiszeitlichen, von Moränen durchsetzten Kar aus. In ihrer Mitte liegt, wie die Perle in einer Muschel, der Sulzkarsee. Zahlreiche Quellen sorgen für eine gute Wasserversorgung auf der Alm und speisen mehrere wertvolle Tümpel, Niedermoore und Bachläufe. Der Sulzkarbach stürzt über einen Wasserfall in den Höllboden.

Durchsetzt wird die Alm von kleinen Wäldern, die einen sehr ursprünglichen Charakter aufweisen und zur Strukturvielfalt der Alm beitragen. Der Artenreichtum der Flora spiegelt das hohe Angebot an unterschiedlichen Lebensräumen wider. So bilden die weißen Tupfen des Wollgrases (*Eriophorum* sp.) in den Feuchtflächen, die bunten Blüten der Orchideen wie die des Prächtigen Knabenkrautes (*Orchis mascula signifera*) oder der pyramidenförmigen Kugel-Orchis (*Traunsteinera globosa*), und die verschiedensten Kräuter auf den Weiden der Alm, z.B. die großen gelben Knöpfe der Trollblume (*Trollius europaeus*) im Frühsommer, die kleinen weißgelben Blüten des Augentrosts (*Euphrasia* sp.) im Herbst oder die kleinen, zartrosa gefärbten Blüten des würzigen Thymians (*Thymus pulegioides*) gemeinsam mit den dunklen Fichten- und Zirbengruppen ein Mosaik, das jedes Auge erfreut. Untermalt wird dieses Szenario von den verschiedenen Vogelstimmen der rund 45 Brutvogelarten, die auf den Almen bisher beobachtet wurden. Heckenbraunelle (*Prunella modularis*), Tannenmeise (*Parus ater*), Ringdrossel (*Turdus torquatus*), Bergpieper (*Anthus spinoletta*) und Birkenzeisig (*Carduelis flammea*) zählen zu den häufigsten Arten und füllen die Luft mit ihrem Gesang. Auch der Dreizehenspecht (*Picoides tridactylus*) weist in den totholzreichen Wäldern gute Bestände auf.
In den Tümpeln finden sich im Frühsommer die Laichballen des Grasfrosches (*Rana temporaria*). Auch die Bergmolche (*Triturus alpestris*) sind in den linsenförmigen kleinen Wasserlöchern gut zu beobachten. Bei abrupter Annäherung verstecken sie sich jedoch in der Ufervegetation.
Ein kleines Insekten-Eldorado zeigen die Ergebnisse aus den bisher untersuchten wirbellosen Tiergruppen: 60 Wanzenarten alleine auf dem Sulzkar. Zusammen mit den benachbarten Almen Haselkar, Hüpflinger-Alm und Scheuchegg wurden in diesem südöstlichen Almgebiet des Nationalparks 82 Spinnenarten, 53 Zikadenarten und zahlreiche Falterarten, die zu den auffälligsten Schönheiten der Almen zählen, nachgewiesen.

Haselkaralm und Scheuchegg

Am Fuße des Lugauers liegen die zwei Almen Haselkar und Scheuchegg. Die rund 68 ha große Almfläche des Scheueggs befindet sich unter seiner Nordflanke und ist vergleichsweise

waldreich. Um den zentralen Waldbereich finden sich mehrere verstreute Weideflächen, die oft von kleinen Feuchtflächen durchsetzt sind.
Die 87 ha große Haselkaralm liegt direkt unter der Lugauerplan, die im Frühsommer von einem Meer an Trollblumen bedeckt wird und sie in ein gelbes Licht taucht. Sie breitet sich von Nord nach Süd entlang der Westseite des Lugauers aus. An ihrem Südende fällt sie abrupt in das Tal von Radmer ab. Zu den Besonderheiten des Haselkars zählen die Tümpel und kleinen Feuchtstellen, vor allem im südlichen Bereich der Alm. Die Haselkaralm ist die letzte Alm im Nationalpark, auf die noch Milchvieh aufgetrieben wird. Hier kann man das nahrhafte Rahmkoch verkosten und eine echte Almbutter mit nach Hause nehmen, so der Weg nicht zu lange und die Butter zu weich wird.

Kölblalm

Die am niedrigsten gelegene und am leichtesten zu besuchende Alm ist die Kölblalm. Sie ist die einzige Eigentumsalm im Nationalpark und insgesamt 81 ha groß. Auf rund 1.100 m Seehöhe im hinteren Johnsbachtal gelegen, ist sie über eine Forststraße, die den Besucher durch eine bezaubernde Klamm führt, erreichbar. Gut versteckt breiten sich oberhalb dieser Felsstufe die Flächen der Kölblalm aus. Diese war ehemals ein kleines landwirtschaftliches Anwesen. In früherer Zeit wurde hier auch Ackerbau betrieben. Heute noch zeigt sich die einstige Grenze zwischen Acker- und Wiesenflächen an einer durchgehenden Reihe von Bergahorn. Ihre wärmebegünstigte Lage offenbart sich im Vorkommen zahlreicher Tag- und Nachtfalter.
Neben der kleinen, 16 ha großen Goferalm nördlich des Admonter Reichensteins ist zudem die 95 ha große Hochscheibenalm, die sich südlich des Tamischbachturms befindet, zu nennen. Ihre wunderbare Aussicht auf das Buchsteinmassiv prädestiniert sie zur idealen Rast- und Beobachtungsstation für Bergradler und Wanderer. Auf den Resten halb vermorschter Baumstämme lässt sich immer wieder der eine oder andere Specht hören und mit viel Glück vielleicht auch sehen.
Weitere Almen in der unmittelbaren Umgebung des Nationalparks sind die Kroissenalm und Niederscheibenalm unter dem Tamischbachturm, die Ebner- und Neuburgalm sowie die Obere und Untere Koderalm im hinteren Johnsbachtal.
Alle Almen zeichnen sich durch einen hohen Artenreichtum aus. Je nach Ausdehnung, Höhenlage und Exposition – auch nach Art und Weise der Bewirtschaftung – unterscheiden sich die jeweils dort anzutreffenden Tier- und Pflanzenarten. Die vielfältige Pflanzenwelt der unterschiedlichen Weideflächen bedingt eine hohe Artenzahl an Insekten. Seit mehreren Jahren wird im Nationalpark diese Artenvielfalt auf ausgewählten Flächen eingehender analysiert. Dabei wurden Spinnen, Zikaden, Heuschrecken und Wanzen näher unter die Lupe genommen. Die Untersuchungen erbrachten sehr interessante Ergebnisse und manchen Erstnachweis für die Steiermark oder für Österreich.
Als echte Sensation lässt sich im Nationalpark die Entdeckung einer weltweit einzigartigen Steinfliegenart auf der Sulzkaralm bezeichnen. Diese Fliege hat nahe Verwandte im italienischen Alpenraum und dürfte im Gesäuse – eine regionale Besonderheit – die letzte Eiszeit unbeschadet überstanden haben. Neben den Insekten wird auch die Säugetierfauna näher untersucht. Von den Murmeltieren bis zu den Mäusen, unter ihnen die Birkenmaus (*Sicista betulina*) und die Schneemaus (*Chionomys nivalis*), haben mehrere Arten ihren Lebensraum auf den Almen des Nationalparks.

Auch die ehemaligen und heute aufgelassenen Almen, wie die Ebnesanger- und die Eggeralm wurden in die Untersuchungen aufgenommen. Erstere kann man beim Weg zur Hesshütte über den Wasserfallweg durchqueren. Letztere liegt zwischen der Ennstaler Hütte und der Tieflimauer. Diese Untersuchungen zeigen die besondere Bedeutung der Bewirtschaftung für den Artenerhalt auf den Almen. In einem EU-Projekt mit Partnern aus ganz Europa wird versucht, Strategien für die Bewahrung der Artenvielfalt trotz Nutzungsaufgabe zu finden.

Die Almen sind die bunten Inseln im Waldmeer des Nationalparks Gesäuse. Sie sind dem Wanderer ein willkommener Ort der Entspannung und dem Naturliebhaber ein Hort neuer Entdeckungen. Das zentrale Anliegen für den Nationalpark ist eine ausgewogene Beweidung, die eine Voraussetzung für die hohe Artenvielfalt auf den Almen bildet.

Das Vorkommen des Grasfrosches (*Rana temporaria*) reicht vom Ennstal bis weit über die Baumgrenze hinaus. Er ist damit eine der häufigsten Amphibienarten im Gesäuse.

Die letzten Schneereste verschwinden auf den Almen – hier die Wagenbänkalm mit Ödsteinmassiv, Gsuechmauer und Stadlfeldschneid im Hintergrund – und schnell ergrünen die Weiderasen. Doch bis auch genug Futter für die Kühe vorhanden ist, vergehen noch Wochen und Monate.

Krokusse (*Crocus albiflorus*) sind die ersten Frühlingsboten nach der Schneeschmelze. Im Hintergrund der Admonter Kalbling (2.196 m).

Krokusse im morgendlichen Streulicht.

Birkhahn (*Tetrao tetrix*): Geeignete, halboffene Lebensräume finden sich für Birkhühner an der Wald- und Baumgrenze. Von größter Wichtigkeit sind Nahrung, Deckungs- und Schutzmöglichkeiten sowie passende Balzplätze. Im April und Mai treffen sich die Birkhähne jeden Morgen zur so genannten „Arenabalz", dem eindrucksvollen Paarungsritual.

Der Kleine Fuchs (*Nymphalis urticae*) teilt sich den reichblütigen „Gabentisch" einer Alpendostblüte (*Adenostyles* sp.) mit einer Hummel (*Bombus* sp.). Hummeln zählen neben verschiedensten Fliegenarten zu den wichtigsten Bestäubern im Hochgebirge.

Der Admiral (*Vanessa atalanta*) zählt zu den bekanntesten Tagfalterarten unserer Breiten. Seine Raupen ernähren sich – wie jene vom Kleinen Fuchs – von Brennnesseln. Grund genug, im eigenen Garten „schlampig" zu sein.

Die Sulzkaralm ist mit 170 ha die größte Alm im Nationalpark. Unterschiedliche Weidetypen, zahlreiche Feuchtflächen und Tümpel sowie totholzreiche Waldflächen tragen zu einem großen Strukturreichtum mit hoher Artenvielfalt bei.

In allen kleinen Tümpeln der subalpinen und alpinen Stufe, die nicht ständig austrocknen, findet man den Bergmolch (*Triturus alpestris*). Auffällig ist sein leuchtend-oranger Bauch. Ein Molchparadies ist die Haselkaralm, hier tummeln sich im Frühjahr tausende dieser Miniaturdrachen.

Die Gelbbauch-Unke (*Bombina variegata*), erdgrau und vornehmlich in kleinen Lehmtümpeln und Lacken beheimatet, ist ein sehr unscheinbares und harmloses Tierchen. Ihre Verteidigung besteht darin, sich auf den Rücken legend tot zu stellen, darauf zu hoffen, dass der Fressfeind ihren grell-gelb gemusterten Bauch für giftig hält und das Weite sucht. Die Unke zählt europaweit zu den gefährdeten Froschlurchen. Im Gesäuse ist sie eher selten anzutreffen – bisher lediglich am Brucksattel und auf der Sulzkaralm.

Die Tümpel auf den Almen, hier im Haselkar, sind unverzichtbare Biotope für Amphibien. Aus der ganzen Umgebung kommen Grasfrösche, Erdkröten und Bergmolche hierher zum Ablaichen.

Oben links: Die Kugelorchis (*Traunsteinera globosa*). Unten links: Das Helm-Knabenkraut (*Orchis militaris*).
Bild rechts: Das Brandknabenkraut *(Orchis ustulata*) ist eine der rund 50 Orchideenarten im und um das Gesäuse.

Das Holunderknabenkraut (*Dactylorhiza sambucina*) ist im Gesäuse sehr selten anzutreffen. Es kommt in gelben und violett-roten Varianten nebeneinander vor und kann auch mischfarbige Blüten ausbilden.

Die klassische Zeit der Rehbrunft (*Capreolus capreolus*) umfasst die letzte Juli- und die erste August-Dekade.

Nach der Paarung im Sommer werden die Kitze nach einer Keimruhe erst im Mai des Folgejahres geboren. Sie sind durch drei Längsreihen weißer Flecke gekennzeichnet. Bild rechts: Das Brandknabenkraut *(Orchis ustulata*), dessen dunkel-rotbraune Knospen an der Oberseite des Blütenstandes wie angebrannt erscheinen.

Blick von der Voitlbaueralm Richtung Glaneggleiten. Im Vordergrund das Waldschlag-Weidenröschen (*Epilobium angustifolium*).

Eine häufig anzutreffende Heuschreckenart auf Almen und an der Baumgrenze ist die Alpine Gebirgsschrecke (*Miramella alpina*). Die dicken, bunt gefärbten Weibchen (hier im Bild) sind deutlich größer als die Männchen, die zwar ebenfalls grün-rot, aber mit deutlich mehr Schwarzanteil gezeichnet sind.

Zu den zahlreichen prächtig blühenden Gewächsen im Gesäuse zählt auch die Türkenbundlilie (*Lilium martagon*). Lilien sind wegen ihrer Farbenvielfalt und Robustheit auch beliebte Gartenpflanzen.
Die Alchimisten glaubten, mit ihrer Hilfe unedles Metall in Gold umwandeln zu können. Auch in der Naturheilkunde fand und findet sie Verwendung.

Die Sulzkaralm mit Fels- und Schuttfluren unterhalb des Zinödls. Im Hintergrund der Rotofen (1.951 m). Besonders artenreich sind die Übergangsbereiche der Almweiden zu den natürlichen alpinen Matten und Felsschuttfluren. Im Bild mit Behaarter Alpenrose (*Rhododendron hirsutum*) und Vergissmeinnicht (*Myosotis* sp.).

Auf der Sulzkaralm lassen sich die Murmeltiere (*Marmota marmota*) entlang des Wanderweges zum Sulzkarhund sehr gut beobachten. Viele Murmeltiere besiedeln auch die Hochwiesen und Kare zwischen Glanegg und Hüpflingerhals, wo sie geologisch bedingt gute Bodenverhältnisse für ihre Bauten vorfinden. Jeder Eindringling wird mit gellenden Pfiffen tüchtig ausgeschimpft und von den misstrauischen Männchen, den „Bären", nicht aus den Augen gelassen.

Gämsen (*Rupicapra rupicapra*) lassen sich oft bei Wanderungen in höheren Lagen, auf den Lugauer oder im Sulzkar, gut studieren. Meist sind die Tiere nicht scheu und lassen den Menschen auf weniger als 20 m an sich heran. Als geschickte Kletterkünstlerin ist die Gams das Charaktertier des Nationalparks Gesäuse. Mit ihren hochspezialisierten Laufwerkzeugen ist diese „Ziegenartige" den meisten anderen Gebirgsbewohnern himmelhoch überlegen. Sie kann das wildeste Gelände mit einer atemberaubenden Schnelligkeit und Eleganz überwinden.

Von der Hochscheibenalm genießt man einen herrlichen Ausblick zur Buchsteingruppe und zur Planspitze. Auf diesem Bild schweift der Blick in Richtung Lugauer. Davor eine alte Fichte mit neuer Wipfelbildung – eine Kämpfernatur.

Die imposante, zumeist prächtig gemusterte Laubholz-Säbelschrecke (*Barbitistes serricauda*) wird leicht übersehen, da sie in Bäumen sitzt und ihr sehr leiser Gesang nur in der Abenddämmerung aus geringer Distanz zu vernehmen ist.

Die tiefviolette Dunkle Akelei (*Aquilegia nigricans*) zählt zu den charakteristischen montan-subalpinen Pflanzen auf Kalk.

Ebneralm mit Ödsteinmassiv. Im Vordergrund eine Hochstaudenflur mit Schwalbenwurz-Enzian (*Gentiana asclepiadea*), Zwerg-Holunder (*Sambucus ebulus*) und Distel.

Die Blüten des Schwalbenwurz-Enzians (*Gentiana asclepiadea*).

Der Schwalbenschwanz (*Papilio machaon*) ist einer der größten und prächtigsten einheimischen Schmetterlinge.

Die Raupe des Schwalbenschwanzes ernährt sich von Doldenblütlern.

Blick über den Gscheideggkogel auf die Gsuechmauer und den Lugauer.

Der Herbstaspekt auf diesen sanften Rücken wird geprägt von der rotverfärbten Heidelbeere (*Vaccinium myrtillus*). Dazwischen schiebt sich ein abgeblühter Korbblütler (Asteraceae) durch den Zwergstrauchteppich. Sein Kelch ist zu einem, meist weißlichen, Haarschopf (Pappus) umgebaut. Dieser dient der Verbreitung der Samen durch den Wind.

Für die Rothirsche (*Cervus elaphus*) ist die Brunft eine Zeit der Bewährung.

Spätestens ab Mitte September zieht sich ihr unheimliches Röhren durch die Abenddämmerung.

Auf Schritt und Tritt wird dem Wanderer im südlichen Johnsbachtal der Unterschied zwischen der Grauwackenzone und dem Kalk der Gesäuseberge klar. Wo im Kalk meist trockener Schutt oder karriger Fels ansteht, bilden sich im wasserstauenden Schiefer allenthalben kleine Moostümpel. Solche Tümpel werden vom Weidevieh gern als Tränke und von den Rothirschen als Suhle verwendet.

Der im Südteil des Nationalparks gelegene Gscheideggkogel befindet sich in der Grauwackenzone.

Im Herbst schillert dieser Alm-Abschnitt in allen erdenklichen Farbnuancen.

Herbstzeit im Neuburger Moor, am Sattel zwischen Johnsbachtal und Radmer. Es ist das weitaus schönste Latschen-Hochmoor im ganzen Gesäuse. Kaum zu glauben, dass dieses absolut hochwertige Biotop weder im Nationalpark noch im Natura-2000-Gebiet liegt – und deshalb keinerlei Schutz genießt.

Typische Pflanzen im Moor sind neben dem dominierenden Torfmoos (*Sphagnum* sp.) die Heidelbeere (*Vaccinium myrtillus*), die Preiselbeere (*Vaccinium vitis-idea*), die Rosmarinheide (*Andromeda polifolia*) und das Wollgras (*Eriophorum* sp.).

Ameisenlarven sind eine wichtige Nahrungsquelle für die Jungenaufzucht des Auerhuhns.

Genügsame Wuchspartner unter extremen Verhältnissen: Latsche (*Pinus mugo*) und Heidelbeere.
Latschen sind Besiedler von Extremstandorten – so auch hier im „sauren" Moorboden.

Der Gipfel des Admonter Reichensteins (2.251 m) hebt sich deutlich vom klaren Herbsthimmel ab. Stabile Schönwetterphasen im September und Oktober machen das Wandern im Gesäuse zu einem außergewöhnlichen Erlebnis.

Blick vom Blaseneck auf den Großen Ödstein (2.335 m).

DIE FARBE GRAU

DER LEBENSRAUM FELS IM NATIONALPARK

Der graue Streifen des Logos symbolisiert die mächtigen Felstürme im Nationalpark.

Felsen sind landschaftsprägende und oft auch geschichtsträchtige oder kulturell bedeutsame Orte. Felsen sind jedoch auch Extremstandorte und die hier lebenden Tiere und Pflanzen meist hoch angepasste Spezialisten. Viele von ihnen zählen zu den seltenen und in besonderem Maße gefährdeten Arten. Natürlicher Fels ist einer der wenigen auch heute noch weitgehend unbeeinflusst gebliebenen Lebensräume in Mitteleuropa.

Die Gesäuseberge sind das östlichste Teilgebiet der Ennstaler Alpen. Hohe Felsen und bizarre Felsgestalten prägen diesen Kettengebirgstyp. Beeindruckend und mächtig ragen die Wandfluchten bis zu 1.800 m über den Talboden empor. Allein die Nordwände der Hochtorgruppe erreichen dabei eine Höhe von rund 900 m. Ein Drittel des Nationalparks nimmt dieser Lebensraum ein, von kleinen Felswänden entlang der Enns und unterhalb der Baumgrenze sowie Schuttflächen in den Seitengräben bis hin zu den großen, mächtig aufragenden Felstürmen und felsigen Graten.

Vielfältiger Lebensraum der Extreme

Fels ist nicht gleich Fels. Je nach Gesteinsart, Entstehungsgeschichte, Alter und Verwitterungsgrad, Exposition und Steilheit bilden sich unterschiedliche Formen mit sehr verschiedenen Bedingungen aus. Felsen sind Extremstandorte mit – je nach Sonneneinstrahlung – starken Temperaturschwankungen sowie stark angespanntem Wasserhaushalt. Hinzu kommen mechanische Beanspruchungen durch Erosion und Hangrutschungen. Die Standortbedingungen an Felsen variieren auf kleinstem Raum, so dass sich komplexe Vegetationsmosaike ausbilden. Felsen sind den Spezialisten unter den Pflanzen vorbehalten. Sie sind an die jeweilige Gesteinsart, an Temperatur und Trockenheit optimal angepasst. Die meist schüttere Vegetation weist einen hohen Anteil an Moosen und Flechten auf. Sie können auch längere Trockenperioden überdauern und problemlos mit geringen oder sogar gänzlich ohne Feinerdeauflagen auskommen.

Kletterseil und Buckliger Schneider

Drei Gesteinsarten sind für das charakteristische Aussehen des Gesäuses verantwortlich: Über einem Sockel aus brüchigem und stark zerklüftetem Wettersteindolomit und einer Übergangszone aus Dachsteindolomit ragen die aus Dachsteinkalk aufgebauten, hohen Wandfluchten der Hochtorgruppe und des Buchsteins mächtig empor. Zwischen dem Wetterstein- und Dachsteindolomit fällt oft das dünne „Raibler Band" auf, eine markante Serie von braunen Sandsteinen, schwarzen Schiefern und gebänderten Dolomiten. Man erkennt es vielfach an Quellaustritten, Geländestufen oder an der veränderten Vegetation.
Die Festigkeit und Glätte des Kalkes wird für den Klettersport genutzt. Die starke Zerklüftung und die leichte Ver-

witterbarkeit des Dolomits führen hingegen zur Ausbildung von fantastischen Felsformationen und Felsnadeln, die am Weg nach Johnsbach in den Zwischenmäuern besonders beeindrucken. Die bizarren Felsgestalten haben oftmals den Ideenreichtum der Menschen geweckt und vielfältige Gestalten mit eigenen Geschichten und Sagen, wie jene vom „Schulmeister" oder dem „Buckligen Schneider", entstehen lassen. Entlang des Sagenweges im Johnsbachtal kann man diese Felsskulpturen bewundern und der eigenen Fantasie freien Lauf lassen.
Mit der Verbindung von Wissenschaft und Erlebnis wird die Entstehung des Gesäuses in der Geologie-Ausstellung im Nationalpark-Pavillon Gstatterboden besonders anschaulich und erlebnisreich vermittelt. Ein virtueller Führer begleitet den Besucher auf unterhaltsame und einprägsame Weise durch acht Stationen und bringt die geologische Situation im Nationalpark näher. In realistisch anmutenden 3D-Animationen – bei einer Schiabfahrt auf einem eiszeitlichen Gletscher, einer Klettertour und einem Panoramaflug – werden Eiszeit und Fels auf spannende Weise veranschaulicht.

Pflanzliche Extremisten

Die glatten Felswände des Dachsteinkalks sind ausschließlich den Algen und Flechten vorbehalten. Nur sie können sich direkt auf dem Gestein ansiedeln. Blaualgen sind sehr genügsam und anpassungsfähig, der Fels muss nur zeitweise feucht sein. Auf den Felswänden im Gesäuse sind sie als schwärzliche Streifen, auch „Tintenstriche" genannt, erkennbar. Fels besiedelnde Flechten kommen als Krusten auf der Gesteinsoberfläche vor oder dringen sogar in die obersten Gesteinsschichten ein. Moose brauchen hingegen eine Stelle im Fels, wo sie wurzeln können. Kleinste Risse im Gestein oder winzigste Absätze mit Humus-Ansammlungen genügen ihnen dabei. Sie bilden flache Überzüge, kugelige Polster, Decken oder Rasen. Mit Fasern haften sie am Gestein fest oder liegen auf flachen Felspartien leicht auf. Moose tragen zur Humusbildung bei und dienen als Substrat für Blütenpflanzen.
In den Felsspalten findet man auch Gefäßpflanzen wie die Farne. Sie wachsen besonders gerne in beschatteten, eher feuchten Felsbereichen, am Felsfuß oder auf Felsbändern. Hirschzunge (*Phyllitis scolopendrium*), Brauner und Grüner Streifenfarn (*Asplenium* sp.) bevorzugen beispielsweise kalkhaltige Gesteine. Sie können bei einer Wanderung durch den Hartelsgraben an und unter den Felswänden gefunden werden.
Auf Felsköpfen und weniger steilen Felsbereichen sind natürliche Magerrasen ausgebildet. Diese werden von verschiedensten Grasarten, wie dem für Kalkrasen typischen Blaugras (*Sesleria varia*) und auch der Horstsegge (*Carex sempervirens*), aufgebaut. Vor allem aber gedeiht hier eine bunte Vielfalt von mehr oder auch weniger bekannten, so genannten „Alpenpflanzen". Dazu zählt zum Beispiel der Clusius-Enzian (*Gentiana clusii*), die roten oder auch gelben Blüten der Läusekräuter (*Pedicularis* sp.) so wie die blauen Glocken- und Kugelblumen (*Campanula* sp. und *Globularia* sp.). Viele Orchideen und einige Endemiten – Arten, die nur in einem begrenzten Gebiet vorkommen – vervollständigen das bunte Bild der trockenen Standorte über Fels und Stein. In den Schuttfluren wächst zum Beispiel die Zierliche Federnelke (*Dianthus blandus*), die vom Grimming bis ins Gesäuse gedeiht, jedoch hier im Nationalpark die größten Bestände ausbildet. Ihr zarter Duft und die zerschlitzten hellrosa Blüten sind eine Zierde des Gesäuses.
Exponierte Bereiche sind oft reich an Pflanzen mit wasserspeichernden Pflanzenteilen, so genannten Sukkulenten, wie dem Mauerpfeffer (*Sedum* sp.). Auch der Petergstamm (*Primula auricula*) kann in seinen derben Blättern Wasser speichern. Auf diese Weise ist das Überleben in den Felsspalten möglich.

Im Gebirge sind die Pflanzen häufig auf das Wesentlichste reduziert, um die günstigeren Temperaturbedingungen in Bodennähe zu nutzen, die Angriffsfläche für Wind und Sturm zu verkleinern und somit Energie zu sparen. Pflanzenstängel werden verkürzt oder eingespart, während die Blätter und vor allem ein ausgedehntes Wurzelwerk erhalten bleiben. Im alpinen Lebensraum dominieren daher Polster- und Rosettenpflanzen. Gräser bilden häufig Horste aus. Im Gegensatz zu den niedrigen, unscheinbaren Blattsystemen entwickeln die Pflanzen im Hochgebirge aber oft prächtige und recht große Blüten. Dies führt zur Verbesserung der Bestäubung unter diesen extremen Bedingungen.

Felsbrüter und Kletterkünstler

Für die Tierwelt sind besonders Felsnischen und Spalten von Bedeutung. Sie dienen einerseits der Nahrungssuche und bieten andererseits besonders unterhalb der Baumgrenze einer Reihe von Felsbrütern, darunter Steinadler (*Aquila chrysaetos*), Wanderfalke (*Falco peregrinus*), Uhu (*Bubo bubo*), Mauerläufer (*Tichodroma muraria*) und Felsenschwalbe (*Ptyonoprogne rupestris*) geeignete Nistmöglichkeiten.

Felsige Grate und Rücken oberhalb der Baumgrenze beherbergen meist ein anderes Artenspektrum. Diese Region ist durch niedrige Temperaturen, höhere Niederschläge und starken Windeinfluss, hohe Schneelagen, aber auch abgewehte Grate in kalten, strengen Wintern geprägt. Die Tiere in dieser Höhenlage haben sich im Laufe der Jahrtausende an ein geringes oder nicht immer verfügbares Nahrungsangebot und an die extremen Klimaverhältnisse angepasst. Hier findet man typische Hochgebirgsbewohner wie das Schneehuhn (*Lagopus mutus*), den Schneefink (*Montifringilla nivalis*) und die Alpendohle (*Pyrrhocorax graculus*). Dies ist auch der bevorzugte Lebensraum der Gämse (*Rupicapra rupicapra*), einer ausgezeichneten Kletterkünstlerin, die allerdings vor allem im Winter entlang der Schuttströme und Felsen bis ins Ennstal absteigt. Zwergstrauchreiche, felsdurchsetzte Hänge werden von der Kreuzotter (*Vipera berus*) und der Bergeidechse (*Zootoca vivipara*) gerne bewohnt.

Vergänglichkeit des Steins

Wasser und Temperaturunterschiede nagen jedoch am Fels. Die Dolomitgesteine wittern durch Frost, Wasser und Schwerkraft oberflächlich ab, so dass neben den bizarren Felsformationen und Schluchten ausgedehnte Schutthalden, Geschiebe- und Schuttströme bis zur Enns und zum Johnsbach reichen, wie im Kaderalbl- und Langgriesgraben. Diese bieten wiederum gänzlich andere Voraussetzungen und Lebensbedingungen. Die Dynamik der ständigen Umlagerungsprozesse bei Hochwasserereignissen und Lawinenabgängen machen diesen Lebensraum besonders unwirtlich. Starke Regenfälle bringen plötzlich große Wassermengen, bewegen das Geröll, lagern um und schaffen neue Bedingungen. Die Besiedlung durch Pflanzen, die diese extremen Bedingungen ertragen, ist der Beginn der Stabilisierung.

Die Steine der Schutthalden bilden zunächst eine sehr bewegliche Fläche. Nach und nach sammelt sich Feinerde in den tieferen Schichten an und es können sich erste Pioniere unter den Pflanzen ansiedeln. Ihre Wurzeln reichen oft sehr tief in die feinerdereichen und feuchten Spaltenräume hinein, während die oberen Pflanzenteile auf dem trockenen Schutt der Sonne ausgesetzt sind. Die Pflanzen der Schutthalden entwickelten verschiedene Bewuchsstrategien. Schuttwanderer wandern passiv mit dem beweglichen Geröll mit. Schuttstauer wachsen in stabilen Büscheln, die dem sich bewegenden Schutt Widerlager entgegensetzen.

Schuttüberkriecher bilden lange Kriechtriebe, die sich bewurzeln und neue Pflanzen bilden.
Nur extrem angepasste Tierarten können hier überleben. Bewohner alpiner Schutthalden sind die Schneemaus (*Chionomys nivalis*) und die Alpenbraunelle (*Prunella collaris*). Aber auch zahlreiche Falterarten, Laufkäfer und weitere Insektenarten haben sich auf diesen Lebensraum spezialisiert. Wolfspinnen, Weberknechte und andere Spinnenarten erjagen hier ihre Beute. Reptilien nutzen die felsigen, geschützten Plätze zum Sonnenbad, als Paarungs- und Eiablageflächen und als Jagdreviere, wobei Deckungs- und Versteckmöglichkeiten so wie Überwinterungsquartiere vorhanden sein müssen. Auf den schuttreichen Zubringern an der Enns findet man die Schlingnatter (*Coronella austriaca*), während die Kreuzotter die höheren Lagen an der Baumgrenze besiedelt.

Durch die Wasserlöslichkeit des Kalkgesteins treten im Dachsteinkalk Karsterscheinungen auf. Das im Wasser gelöste Kohlendioxid ätzt Karren und Dolinen in den Fels, und entlang der Gesteinsklüfte entwickeln sich zahlreiche, ausgedehnte Höhlensysteme. Mehr als 150 Höhlen sind im Nationalpark Gesäuse bekannt. Durch die Wasserdurchlässigkeit des Kalkes ist das Hochgebirge wasserarm und oft nur von einer dünnen Humusschicht bedeckt. Die Wasserarmut der Hochlagen steht im Gegensatz zum Reichtum an Quellen, die meist erst am Bergfuß oder an den Hängen entspringen.

Uralter Nachbar

Während der Dachsteinkalk rund 220 Millionen Jahre alt ist, liegt im Süden des Nationalparks ein kleiner Teil in der Grauwackenzone. Sie ist aus wesentlich älteren, rund mehr als doppelt so alten Schiefer- und Quarzgesteinen aufgebaut und weist vollkommen andere Bedingungen auf. Der Name dieser Zone leitet sich von ihrem sandig-tonigen Hauptgestein, der Grauwacke, ab, welche die weichen, sanft geformten Hügel mit ihrer wald- und wiesenreichen Landschaft aufbaut. Die bodensauren Bedingungen bieten für die Pflanzen- und Tierwelt vollkommen andere Bedingungen. Felsen sind hier nur in geringem Maße vorhanden.

Forschung im Fels

Die „felsigen" Forschungsschwerpunkte konzentrieren sich derzeit auf erste Erhebungen von Felsbrütern (Uhu, Steinadler) und auf eine Erfassung der Schneehuhnbestände. Für letztere werden die Untersuchungsgebiete flächendeckend auf das Vorkommen von Schneehühnern anhand indirekter Nachweise, wie Losungen oder Federn, untersucht. Gleichzeitig werden Lebensraumeigenschaften erhoben, die eine Beurteilung der Lebensraumqualität für das Schneehuhn ermöglichen.

Im Gipfelbereich wird auch ein Netz von Langzeituntersuchungspunkten aufgebaut, das eine Erforschung der Auswirkungen des Klimawandels auf die Vegetation ermöglichen soll.

Fels und Stein sind die prägenden Elemente des Nationalparks Gesäuse, vom Rauschen der Wasser zwischen den Felsblöcken der Enns bis zum Pfeifen der Dohlen in den Felswänden der Gesäuseberge, von den Föhrenwäldern auf den Dolomitrücken entlang des Johnsbaches bis zu den uralten Zirben über steinigem Grund.

•

Sichern wir die Wildnis und Dynamik in diesem Gebiet für unsere Nachkommen, damit auch sie das Werden und Vergehen in der Natur eines ursprünglichen und urtümlichen Lebensraumes erfahren können.

Das Langgries, das vom Reichenstein zum Johnsbach zieht, ist ein ganz typischer Vertreter der großen Wildbach-Schuttrinnen im Gesäuse. Bei Unwetter verwandelt sich diese Szenerie in ein Inferno aus tosend heranwälzenden, erdbraunen Fluten.

Das Kahle Steinröserl (*Daphne striata*) wächst bevorzugt auf steinigen Rasen und Felsschuttfluren – zum Beispiel im Langgriesgraben.

Die Zwergalpenrose (*Rhodothamnus chamaecistus*) findet man zusammen mit den verwandten Alpenrosen in Latschengebüsch oder auch im Felsschutt.

Der Petergstamm oder die Alpen-Aurikel (*Primula auricula*) ist ein typischer Felsspaltenbewohner und zusammen mit der Silberwurz (*Dryas octopetala*) im Kalkfels zu finden.

Die Felsenbirne, auch „Edelweißstrauch" (*Amelanchier ovalis*) genannt, besiedelt trockenes Felsengebüsch und lichte Föhrenwälder.

Föhrenwald im Gsenggraben.
Die Rot-Föhre (*Pinus sylvestris*) beherrscht das Waldbild an sehr steilen, trockenen und warmen Standorten. Vor allem der Dolomitsockel der Gesäuseberge wird von dieser Waldgesellschaft besiedelt.

Die Westwand des Admonter Kalblings (2.196 m) strahlt noch im letzten Abendlicht. Teile des Kreuzkogels (2.011 m) im Vordergrund entschwinden bereits in die ersten Schatten der Nacht.

Spiegelung des Admonter Kalbling in einem Tümpel am Weg zum Eisloch in 1.500 m Seehöhe.

Selten ist man so früh am Morgen in den Bergen: Sonnenaufgang hinter der Planspitze (2.114 m).

„Eines langen Tages Reise in die Nacht“: Ob Eugene O‘Neill im Gesäuse inspiriert wurde?

Blütenreiche Felsmagerwiesen sind ein Eldorado für Tagfalter: Hier der Große Perlmuttfalter (*Argynnis aglaja*) auf der orange-roten Blüte des Goldpippau (*Crepis aurea*).

Blick vom Hochzinödl (2.191 m) zum Hochtor (2.369 m) bei Sonnenaufgang.

Hochtorgruppe und Admonter Reichenstein (2.251 m) bei Tagesanbruch. Von den Nebeln in den Tälern der Nordalpen wissen die Bewohner des Admonter Beckens ein trauriges Lied zu singen. Wenn im Herbst die Zeit der „Inversion" beginnt, begibt sich der geprüfte Talbewohner auf die sonnigen Höhen der Berge, wo es viel wärmer ist, da hier zumeist die Sonne scheint.

Der Triglav-Pippau (*Crepis terglouensis*) kommt in Kalk-Schutthalden vor und trägt den Namen des höchsten Berges von Slowenien (der Triglav, sprich „Triglau" – in den Julischen Alpen).

Das Ostalpen-Fingerkraut (*Potentilla clusiana*) ist eine typische Pflanze der Kalk-Felsspalten in den nordöstlichen Kalkalpen.

Die sozialen Verbände der Gämsen (*Rupicapra rupicapra*) ändern sich im Jahresverlauf. Während der Herdenverband von Weibchen und Jungtieren mit 15 bis 30 Tieren im Sommer sehr fest ist, lockert sich der Zusammenhalt während des Winters. Böcke leben großteils einzelgängerisch und suchen erst im Spätsommer eine Herde auf.

Eine ungewöhnliche Perspektive: Die Südseite des Rotofens, von der Gsuechmauer aus betrachtet. Markant sind das dünnplattige, von Faltungen durchzogene Gestein und die üppige Grasvegetation. Der Rotofen ist inselartig inmitten der Bollwerke aus Dachsteinkalk aus „Lias-Fleckenmergel" aufgebaut, einem brüchigen, mergelhaltigen Kalk, der bessere Verwitterungsböden bildet als der blanke Dachsteinkalk.

Mehrere Kohlröschenarten, wie Widders Kohlröschen (*Nigritella widderi*) und Rotes Kohlröschen (*Nigritella rubra*), die zu den Orchideen gehören, finden sich im Gesäuse – hier auf der Seeleiten, Planspitze. Das Kohlröserl duftet intensiv nach Vanille und ist tatsächlich mit der echten Vanille, die auch eine Orchidee ist, verwandt.

Die Kreuzotter (*Vipera berus*) ist die einzige Giftschlange im Nationalpark. Man kann sie in offenem, steinigem Gelände mit Zwergsträuchern und auf Almen beobachten, wenn sie sich in den Vormittagsstunden sonnt.

Die Silberwurz (*Dryas octopetala*) und der Clusius-Enzian (*Gentiana clusii*) zählen zu den typischen Alpenpflanzen über Kalk. Hier bilden sie die bunten Farbtupfer im grünen Polsterseggenrasen.

Das Schneehuhn (*Lagopus mutus*) bewohnt in den Alpen ausschließlich baumfreie, oft felsige Hochgebirgslagen. Durch eine dreimalige Mauser – im Sommer ist das Federkleid braun und im Winter weiß gefärbt – ist das Huhn ganzjährig getarnt und somit bestens geschützt.

Zu den prächtigsten Tagfaltern im Gesäuse zählt der Apollofalter (*Parnassius apollo*). Man begegnet ihm von Juli bis etwa Ende August.

Von Geröll überschüttetes
Sommerschneefeld im Rosskar.

Das Alpen-Leinkraut (*Linaria alpina*) besiedelt Kalkfels-Schuttfluren.

Das Zweiblüten-Veilchen (*Viola biflora*) gedeiht in Schuttfluren, Felsspalten und in Krummholzbeständen. Es bevorzugt schattig-feuchte Standorte.

Am Fuße der Planspitze befindet sich der „kleine Bruder“ des berühmteren Sulzkarsees: Der ebenfalls zu- und abflusslose Seekarsee. Diese hauptsächlich von Regen- und Schmelzwasser gespeisten Seen und Karsttümpel beherbergen Tiergemeinschaften, die mitunter auch endemische – nur an diesem Ort anzutreffende – Arten aufweisen können.

Wie ein Dokument aus grauer Vorzeit: Tatsächlich handelt es sich beim Alpensalamander (*Salamandra atra*) um eine der wenigen tertiären Relikt-Arten, die bereits vor der Eiszeit in unseren Alpen heimisch waren und die Jahrmillionen der Kälte überdauert haben. Er ist lebendgebärend, folglich optimal an die harten Bedingungen im Gebirge angepasst.

Der Alpen-Hahnenfuß (*Ranunculus alpestris*) zeigt sich gerne in Gesteinsfluren und in Feinschutthalden. Eine der wenigen weißblütigen Hahnenfußarten – wie die meisten jedoch giftig.

Der Dachlfirst. Das Dachl (2.197 m) erstreckt sich zwischen Rosskuppe und Hochtor und fällt Richtung Südost in das Rosskar ab.

Blick über den Planspitzgipfel (2.214 m) nach Norden zu Gstatterstein (1.390 m) und Tamischbachturm (2.035 m). Im Tal der Enns hält sich frühmorgens noch der Nebel.

Eines der bekanntesten und eindrucksvollsten Karrenfelder im Gesäuse ist das Dachl. „Karren" gehören zu den bekanntesten Karstformen. Der Kalkfels wirkt wie von Säure zerfressen, und genau genommen stimmt das auch. Das Kohlendioxid, das vom Niederschlagswasser hauptsächlich aus Boden und Vegetation aufgenommen wird, zersetzt den Kalk – zwar langsam, aber stetig. Das Resultat sind ober- und unterirdische Hohlformen, die nicht von fließendem Wasser ausgewaschen, sondern von sickernden Wassersträngen herausgelöst sind. Auf diesen Bildern sind Rinnenkarren – die großen, langen Furchen – und Rillenkarren zu sehen. Letztere besetzen als kleine, rasiermesserscharfe Zacken und Kämme die Höcker zwischen den größeren Formen und können jemanden, der in diesem Gelände stolpert, übel zurichten. Das Bildungsalter der Karren wird mit maximal 8.000 bis 10.000 Jahren angenommen.

Bild oben: Nur wenige Pflanzen können sich im extrem schroffen Fels der Karrenfelder behaupten. Zu ihnen gehört zum Beispiel der Starre Wurmfarn (*Dryopteris villarii*), der ansonsten auch in Schuttfeldern und Hochstaudenfluren wächst.

Bild rechts: Die kugeligen, grauschimmernden Polster des Schweizer Mannsschild (*Androsace helvetica*) drücken sich gerne in Felsspalten und zeigen dort ihre kleinen, weißen Blüten mit gelbem Schlund. Der Schweizer Mannsschild kommt in den nordöstlichen Kalkalpen vom Dachstein bis zu den Gesäusebergen vor.

Auch das Stängellose Leimkraut (*Silene acaulis*) bildet dichte, vielblütige Polster. Die polsterförmige Wuchsform bietet im Hochgebirge viele Vorteile: weniger Angriffsfläche für Wind und Wetter, Verdunstungsschutz und ein relativ ausgeglichenes Mikroklima innerhalb des Polsters.

Blüten des Stängellosen Leimkrautes unter einer dünnen Eisdecke.

Blick von der Gsuechmauer (2.116 m) auf den Lugauer (2.217 m).

Grasfluren, Zwergstrauchheiden, Geröllhalden oder felsige Rücken mit wechselnder Hangneigung und Exposition sind der ideale Lebensraum für das Schneehuhn (*Lagopus mutus*).

Ab Mitte Juni kann man beim Durchwandern der Lebensräume des Schneehuhns auch deren Kücken beobachten.

Auf der Gsuechmauer, im Hintergrund die Hochtorgruppe (2.369 m).

Die kleine, unscheinbare Zwergorchis (*Chamorchis alpina*) kommt an extremen, windexponierten Kanten im Hochgebirge vor – meist in Gesellschaft mit der Polstersegge (*Carex firma*) oder der Silberwurz (*Dryas octopetala*).

Blick auf Tieflimauer (1.820 m) und Hochzinödl (2.191 m).

Die Grüne Hohlzunge (*Coeloglossum viride*).

Blick auf den Glaneggturm (2.026 m) und die Hüpflinger Mauer im Abendlicht.

An seinen weißen Flügeln ist das fliegende Schneehuhn das ganze Jahr über gut erkennbar.

Blick von der Planspitze (2.214 m) auf den Peternschartenkopf, die Rosskuppe (2.153 m) und das Hochtor (2.369 m).

Der König der Lüfte, der Steinadler (*Aquila chrysaetos*), ist im Nationalpark mit zwei bis drei Paaren vertreten, die allerdings auch die angrenzenden Gebiete nutzen.

Blick vom Eisenerzer Reichenstein auf die Gesäuseberge bei Sonnenuntergang.

Von Westen betrachtet: Sonnenaufgang mit Planspitze (2.114 m), Hochtor (2.369 m), Großer Ödstein (2.335 m), Admonter Reichenstein (2.251 m) und Admonter Kalbling (2.196 m).

Als rasanter Flieger und Taubenjäger ist der Wanderfalke (*Falco peregrinus*) wenig beliebt. Nach einem dramatischen Rückgang in den 1980er- und 90er Jahren haben sich die Bestände des Wanderfalken aber wieder gut erholt. Mittlerweile kann man den eleganten, breitflügeligen Falken in der Steiermark wieder an so manchem Felsen brütend beobachten.

Als größte heimische Eule benötigt der Uhu (*Bubo bubo*) reich gegliederte Landschaften. Sein Speisezettel ist vielfältig und setzt sich vor allem aus mittelgroßen Vögeln und Säugetieren zusammen. Er brütet gerne in Felsnischen, bevorzugt aber deckungsreiche Tageseinstände mit Übersicht auf die Umgebung.

Der Uhu jagt in der Dämmerung und nachts in halboffenem Gelände, entlang von Waldrändern, Wasserläufen, von einer Warte aus oder lautlos im niedrigen Suchflug.

Im Haindlkar lassen sich die Unterschiede zwischen den drei Hauptgesteinen besonders gut studieren. Der brüchige, zerklüftete und leicht verwitterbare Dolomitfelsen unterscheidet sich in Form und Bewuchs vom Dachsteinkalk.

Die letzten Lärchen trotzen dem kargen Fels.

Von der Grauwackenzone in den Kalk: Die Hochtorgruppe (2.369 m) vom Blaseneck aus gesehen.

Hochtor mit Hochzinödl (2.191 m) und Stadlfeldschneid (2.092 m).

Der Große Buchstein (2.224 m) hinter tief verschneitem Fichtenwald.

Die majestätische Erhebung (2.217 m) des Lugauers aus dem Helikopter.

Blick vom Lahngang auf den Admonter Reichenstein (2.251 m) mit Totenköpfl (2.184 m) und Hochtorgruppe (2.369 m).

Durch das weiße Gefieder gut getarnt suchen die Schneehühner (*Lagopus mutus*) im Winter auf den abgewehten, freien Graten nach Nahrung. Sie sind optimal an diesen extremen Lebensraum angepasst, denn das Gefieder isoliert bestens: Die Federn sind an ihrer Basis mit einer zweiten, daunigen Feder, der so genannten Hyporachis, verdoppelt.

Föhnstimmung über Hochtor, Ödstein, Stadelfeldschneid und Eisenerzer Reichenstein.

Admonter Kalbling (2.196 m), Sparafeld (2.247 m) und Admonter Reichenstein (2.251 m)
mit Totenköpfl (2.184 m) von den Rottenmanner Tauern aus betrachtet.

Im Frühwinter, wenn die Brunft beginnt, kann man die spektakulären Kämpfe der Gamsböcke gegen ihre Geschlechtsgenossen beobachten. In der zweiten Novemberhälfte erfolgt dann die Paarung.

Im Detail: Die schwer bezwingbaren Schafzähne zwischen Kleinem und Großem Buchstein.

Blick von der Grabneralm auf das Buchsteinmassiv.

Vom Buchsteinplateau auf den Kleinen Buchstein (1.990 m) und die Tieflimauer (1.820 m).

Das Buchsteinplateau im frühen Morgenlicht.

Für die freundliche Kooperation und die umfassende Unterstützung bedanken wir uns sehr herzlich bei Herrn DI Werner Franek, dem Direktor des Nationalparks Gesäuse.

Frau Mag. Dr. Lisbeth Zechner, Herrn Mag. MSc Daniel Kreiner (Nationalpark Gesäuse GmbH) und Herrn Dr. Harald Haseke gilt unser besonderer Dank für ihre fundierten Textbeiträge zu den Kapiteln und Bildlegenden – ebenso Herrn Ing. Andreas Hollinger (Nationalpark Gesäuse GmbH) für seinen umsichtigen organisatorischen Einsatz.

Wörschach, im Oktober 2005 – Toni Kerschbaumer und Herfried Marek

© 2005 Verlag Marek & Kerschbaumer Ges.n.b.R.

A-8942 Wörschach Nr. 299 / Steiermark – mailto: herfried.marek@aon.at

Bilder auf Seite 53 von Wolfgang Ecke

Alle Rechte vorbehalten

Kein Teil des Werkes darf in irgendeiner Form (durch Druck, Fotokopie, Mikroskopie oder ein anderes Verfahren) ohne schriftliche Genehmigung des Verlages reproduziert oder unter Verwendung elektronischer Systeme verarbeitet, vervielfältigt oder verbreitet werden.

Cover, Grafikdesign und Produktion: Jörg Klauber, A-8200 Gleisdorf / Steiermark

Druck: Gorenjski Tisk, Kranj – Slowenien

ISBN 3-9501573-3-6

NATIONALPARK GESÄUSE

Nationalpark Gesäuse **Infobüro***
A-8911 Admont Hauptstraße 35
Tel. + 43 (0) 3613/21160-20
Fax + 43 (0) 3613/21160-40
info@nationalpark.co.at

Nationalpark **Management**
Fachinformationen Naturraum
Nationalpark Gesäuse GmbH
A-8913 Weng im Gesäuse 2
Tel. + 43 (0) 3613/21000
Fax + 43 (0) 3613/21000-18
office@nationalpark.co.at

www.nationalpark.co.at

*Offizielle Wanderkarte „Nationalpark Gesäuse" im M 1:25.000 – mit Tourenführer KOMPASS *kompakt*. Kompass-Verlag – erhältlich im Nationalpark Infobüro.